本书系国家社科基金重大项目
"网络时代的社会治理与刑法体系的理论创新研究"
（项目编号：20&ZD199）的阶段性研究成果

涉生成式人工智能
犯罪研究

刘宪权　房慧颖　著

A Study of Crimes Involving
Generative Artificial Intelligence

上海人民出版社

目 录

前　言

经历了六十余年的迭代发展，人工智能技术已然成为继蒸汽机、发电机与计算机后第四次工业革命的先锋力量。在生成式人工智能、超级计算机、大数据、互联网、区块链等新理论与新技术的强烈推动下，我们已经正式迎来了人工智能技术大爆发的新时代——人工智能时代。人工智能这个本来属于纯粹技术领域的新生事物将会在法律、哲学、伦理等方面给人类社会带来极大的影响和冲击，并可能产生相应的刑事犯罪风险。ChatGPT、Sora、文心一言等一系列先进生成式人工智能的出现让我们看到人工智能的"技术奇点"似乎已经出现。当前版本以及未来迭代版本的生成式人工智能已经触及强人工智能的边缘，使我们真真切切地感受到强人工智能时代"未来已来"。在震撼之余，刑法学者当然不能等闲视之，更不能毫无作为，而该与时俱进，并保持应有的法学学术研究敏锐性。当下，我们理应对生成式人工智能可能构成的各种犯罪类型，以及可能对传统刑法理论的冲击，作出深度考量和前瞻性思考。从社会科学研究角度分析，任何时代或任何时期的社会制度和法律制度都是在人类的智力能力范围内设计并构建出来的。当人们制造出了比人类更加智能、更为"聪明"的人工智能时，有关法律制度等顶层设计方案都会因人工智能技术的迭代发展而不断得到优化。但是，我们对涉及人工智能技术发展的法律制度等顶层设计方案进行优化时，应该先对相关技术发展已经或有可能引发的风险展开全方位的研究，然后才能有针对性地找到优化的路径并提出和设计相关的优化方案。

对生成式人工智能产品的合理应用，将会带来若干行业的重大变革，并在较大程度上通过解放劳动力促进社会的快速发展。但是，如果设计者或使用者对生成式人工智能产品进行不当利用，甚至将其作为实现犯罪意图的工具，抑或生成式人工智能产品本身在设计和编制的程序范围外产生了犯罪意图，进而教唆行为人或者自行实施严重危害社会的行为，就会给人类社会带来极大的威胁，甚至可能导致人类社会的毁灭。"圣人不治已病治未病，不治已乱治未乱，此之谓也。夫病已成而后药之，乱已成而后治之，譬犹渴而穿井，斗而铸锥，不亦晚乎。"面对生成式人工智能技术发展可能带来的负面影响，我们刑法学者不应该无动于衷，刑事立法和刑事司法更不应该面临危险而束手无策。生成式人工智能所蕴藏的风险属于现代技术风险，具有一定的可控性。刑法作为重要的风险控制手段之一，面对生成式人工智能技术的发展所可能带来的风险，应当作出合理的应对。既不能过度反应，将生成式人工智能技术视为"洪水猛兽"，禁止或阻碍其发展，又不能忽视生成式人工智能技术可能带来的各种法律风险。我们理应做到未雨绸缪、积极布局，努力探索人工智能时代涉生成式人工智能犯罪的刑法规制路径，为防控人工智能时代的刑事风险、发挥生成式人工智能技术的最大价值和促进社会的稳定发展出谋划策。

本书从涉生成式人工智能犯罪的分析出发，阐释了传统刑法理论在新时代所面临的巨大挑战，进而提出了刑法应对涉生成式人工智能犯罪的基本理念与具体路径。全书共包括四大部分内容：第一章聚焦于人类社会四次工业革命所引发的社会变革，介绍历次工业革命对生产力和生产关系的影响，研究生成式人工智能的概念和技术特征。第二章从刑事责任的角度论述刑事责任主体理论中涉及的四大关系、生成式人工智能的刑事责任主体资格以及可能涉及的犯罪类型。通过梳理三大刑法学派的基本观点和理论通说可知，自由意志和实践理性是成为刑事责任主体的本质条件，生成式人工智能与人类一样可能是同时受自然法则（他律的、自然律的因果性）和道德法则（自律的、由自由而来的因果性）支配的物种，满足承担刑事责任或者成为刑事责任主体的最本质条件。第三章围绕生成式人工智能可能涉及的著作权犯罪，对生成式人工智能创作物的法律属性、保护生成式人工智能创作物的法理根基以及生成式人工智能创作物保护机制的系统构建等问题进行论述。第四章围绕生成式人工智能可能涉及的数据犯罪，对涉生成式人工智能数据犯罪进行概述，并且在梳理涉生成式人工智能数据犯罪的刑法规制困境之后提出相应的刑法规制路径。

刑法研究应当顺应时代的潮流，提前对生成式人工智能所引发的刑事风险进行预估，探索合理的风险应对方法，并提前明晰针对生成式人工智能的刑事责任承担路径。刑法学者作为刑事立法与刑事司法发展的领路人，应当树立前瞻性的刑法理念，勇担这一时代使命，而不是冷眼旁观、无所作为。"凡事预则立，不预则废"，只有做好充分的风险防控准备，防患于未然，方可避免"患至呼天"。

刘宪权

2024 年 1 月

第一章

第四次工业革命——人工智能的
代际发展

随着人工智能技术发展逐渐走向繁荣，以及各国对抢占人工智能技术"制高点"战略规划稳步推进，我们实际上已经跨入了一个全新时代——人工智能时代，这是继蒸汽时代、电气时代和计算机时代之后的第四次工业革命。应该承认，每一次新时代的出现都会给原有社会带来令人震撼的冲击和翻天覆地的变化，否则就不可能将其称为"革命"。笔者认为，工业革命带来的冲击和变化不仅与科学技术的发展紧密相连，也必然要求包括法学在内的社会科学进行不断变革与之相匹配。科学技术的发展与社会科学的变革在很大程度上需要保持同步，这是历史发展的潮流所推动和决定的，是不以人的意志为转移的，无论理解还是不理解，也无论接受或者不接受，社会发展的规律就是如此。

第一节　工业革命引发的社会变革

一、工业革命对生产力的影响

生产力是人类社会存在和发展的基础，是社会进步和提高生活水平的动力源泉。以生产力发展水平为标准，人类文明的发展是沿着"原始社会—农业社会—工业社会—信息社会—智能社会"的主线演进的。每一次工业革命都是人类历史上具有划时代意义的重大变革，其对社会生产力的影响深刻而广泛。从18世纪末期开始，英国率先展开了第一场彻底改变人类生产方式的工业革命。工业革命对生产力的影响迅速蔓延至欧洲大陆和其他地区，成为现代社会发展的关键节点之一。在过去的几个世纪里，人类已经完整经历了三次工业革命（正在进行第四次工业革命），每一次工业革命都为社会带来了巨大的变革和挑战，也为现代文明的进步奠定了基础。

第一次工业革命发生于18世纪末到19世纪中叶，以蒸汽机和纺织工业的机械化为标志。蒸汽机的发明推动了生产力水平的飞速提升，使得能源利用效率大幅度提高，从而推动了工业革命国家工业化进程。具体而言，纺织工业的机械化使得纺织品的产量和质量大幅度提升，推动了纺织业的迅速发展。总体而言，这一阶段的工业革命巩固了资产阶级政权，加速了城市化和工业化变革，改变了人类的生产方式和生活方式，推动了社会结构的重塑和经济体系的演变。

第二次工业革命发生于 19 世纪末到 20 世纪初，以电力和化学工业的发展为标志。电力的广泛应用使得工厂生产不再依赖于蒸汽机，同时也推动了其他多个行业的机械化和自动化发展。除此之外，化学工业的发展使得新材料、新工艺的应用变得更加广泛，极大地促进了生产力水平的提升。总体而言，第二次工业革命的发展加速了城市化进程，推动了城市的快速发展和人口的集中。同时，电力和化学工业的进步也带动了交通运输、通信等领域的革命性变化，极大加速了全球化进程。

第三次工业革命发生于 20 世纪后半叶至 21 世纪初，以信息技术和自动化为标志。计算机、互联网、生物技术等新科技的发展和应用，极大地提升了社会生产力，同时也改变了生产方式、经济结构和社会组织模式。信息技术的普及和应用加速了全球化进程，提高了生产效率并促进了经济增长，同时也带来了数字鸿沟、隐私保护等一系列新的社会问题和挑战。

第四次工业革命目前正在发生，在信息技术、人工智能、生物技术等领域的一系列变革，对社会生产力产生了更为深远的影响。具体而言，第四次工业革命推动了生产过程的智能化和自动化。人工智能、大数据分析、机器学习等技术的广泛应用，使得生产系统更加智能化和灵活化。生产者能够通过传感器、互联网等对生产设备进行实时监测和控制，实现智能化的生产调度和优化，提高了生产效率和质量。第四次工业革命推动了生产过程的数字化转型。云计算、物联网、区块链等技术的发展，使得生产数据的采集、存储、共享和处理更加高效和便捷。数字化生产提升了生产管理的精细化程度，加速了信息流、物流和资金流的互联互通，提高了生产的灵活性和反应速度。同时，人工智能和机器学习的发展，使得机器能够更好地理解和适应人类的需求，实现更加智能化的人机协作。

总而言之，历次工业革命对社会生产力的影响以及带来的变革是多方面且深远的。工业革命不仅推动了生产力水平的持续提升，也促进了社会结构的演变和经济体系的更新，为现代文明的发展和进步注入了新的动力。然而，工业革命也给法学理论研究带来了一系列需要我们共同努力解决和应对的挑战。

二、工业革命对生产关系的影响

在第一次工业革命中，生产关系发生了根本性的变革。传统的手工业生产逐渐被机器化、集中化的工厂生产所取代，雇用工人的劳动成为生产的主要动力。资本家通过投资和拥有生产资料，控制了生产过程和生产利益，成为社会的主要经济力量。同时，工人阶级的形成和劳工运动的兴起，推动了工人对权益和福利的争取，劳资关系开始走向新的平衡。

在第二次工业革命中，电力的广泛应用使得工厂生产不再依赖于蒸汽机，生产效率再次大幅提升。同时，化学工业的发展为新材料和新工艺的应用提供了支持，推动了生产方式的进一步改进。在这一时期，生产关系进一步发展，跨国公司兴起，全球化生产网络形成，资本主义生产关系得到进一步巩固，国际劳动力分工越发明显。

在第三次工业革命中，计算机、互联网、人工智能等新科技的发展和应用，极大改变了社会生产方式和生产关系。信息化生产加速了全球化进程，跨国公司运营模式更加成熟和便利，形成了更加复杂的生产关系。同时，信息技术的广泛应用也加速了劳动力市场的变革，自由职业者和远程办公成为新的工作模式，劳动力供需关系进一步改变。

在第四次工业革命中，人工智能、信息技术、生物技术等领域发生的一系列变革使生产关系迎来了新的改变。智能化生产、数字化生产、个性化定制等新生产模式不断涌现，加速了生产方式的更新和生产关系的变革。

"生产力决定生产关系"是马克思主义政治经济学中的一个基本观点。这一观点揭示了技术和生产工具对社会结构和经济运行模式的影响。毋庸置疑的是，生产力的发展水平决定着社会的生产关系和生产方式，进而对刑法所调整的社会关系产生影响。

三、工业革命对人工智能技术的影响

前文已述,生产力是推动人类社会发展的根本动力,而生产工具则是影响生产力大小的决定性因素。生产工具的革新直接决定着生产力的发展,进而推动社会形态的变迁。对人类历史的发展脉络进行梳理后不难发现,上述规律贯穿整个人类社会发展史,无论是远古时期的石器时代、青铜时代以及铁器时代,还是近现代时期的蒸汽时代、电气时代以及信息时代,无一不是由生产工具的革新引发的社会形态跃迁。由此可见,人类对具有划时代意义的新型生产工具的发现与运用,必将引发深刻且全面的社会变革。在第三次工业革命之后,电子计算机和互联网成为人类社会中必不可少的重要生产工具,人类也就由此进入了信息时代。以此为基础,当电子计算机和互联网发展到一定程度时,也必将衍生出具有更强生产力的下一代生产工具,并将由此引发第四次工业革命,也即人工智能技术的爆发与运用。近年来,相关技术领域的尖端科学家对人工智能发展的进程形成了一个基本共识:人工智能的发展必然依次经历三个阶段,第一阶段是经过长期专业训练的狭义人工智能(ANI),第二阶段是具有强大自我学习能力和跨领域学习能力的通用人工智能(AGI),第三阶段是远远超越人类智能的超人工智能（ASI）。[1] 这与笔者早先对人工智能发展阶段所作出的划分有一定相似之处，也即人工智能的发展将逐步进入普通人工智能时代、弱人工智能时代和强人工智能时代。然而通过对比不难发现，笔者对人工智能发展阶段的划分更为全面，因为笔者所称的弱人工智能时代实际上同时包含了狭义人工智能阶段和通用人工智能阶段，而笔者所称的普通人工智能时代（以 ATM 机为代表）则没有被相关技术领域的科学家纳入讨论范围。但是，不论采取何种划分标准，其实都是在重申这样一个事实：人工智能的发展将是一个人工智能机器人的辨认能力与控制能力逐步增强、自然人之意识与意志对人工智能机器人"行为"的作用逐渐减弱的过程。[2] 在人工智能的每一个发展阶段，都有其鲜明的技术特征和代表性应用。例如，2016 年 AlphaGo（阿尔法狗，谷歌公司研发的围棋程序）的出现意味着人工智能的发展进入了狭义人工智能阶段，同时标志着狭义人工智能在某些特定的领域达到并超越了人类智力水平。AlphaGo 凭借其出色的深度学习能力，一举成为第一个战胜人类围棋世界冠军的人工智能机器人，这不仅引起世界舆论的哗然，也就此开启了包括笔者在内的法学学者对人工智能所涉法律风险样态及其法律责任归属模式的讨论与研究。

---

1. 参见何哲：《ChatGPT 等新一代人工智能技术的社会影响及其治理》，载《电子政务》2023 年第 4 期。
2. 参见刘宪权：《人工智能时代的刑事责任演变：昨天、今天、明天》，载《法学》2019 年第 1 期。

2022 年 ChatGPT（Generative Pre-trained Transformer，生成式预训练转换器）的问世标志着当前的人工智能技术已经发展到了通用人工智能阶段，这也意味着远超人类智能的超人工智能将是人工智能的下一个发展样态。弱人工智能与强人工智能之间的"技术奇点"似乎马上出现，人工智能自身的意识、意志因素迅速增强甚至极度"膨胀"，这必将从根本上影响既有的包括刑事责任在内的法律责任分配规则以及法律责任主体范围。

毫无疑问的是，以 ChatGPT 为代表的新一代生成式人工智能的产生具有革命性和划时代意义。生成式人工智能的存在和发展必然极大程度引发社会生产力的新一轮爆发，进而导致生产关系发生重大改变，特别是会对社会形态、劳动生产、生活方式等方方面面带来重大影响。2023 年 4 月 28 日召开的中共中央政治局会议指出，要重视通用人工智能发展，营造创新生态，重视防范风险。《人民日报》等权威媒体也针对通用人工智能表态称："积极推进人工智能治理，要有一定的前瞻性。"[1] 笔者认为，ChatGPT 等生成式人工智能之所以能够引起相关技术领域、社会科学领域专业人士以及社会各界的关注，在本质上是因为相关人工智能技术已经在一定程度上产生了脱离自然人控制的可能，也即 ChatGPT 等生成式人工智能的迭代版本存在摆脱自然人控制的危险。在

---

1. 参见《重视通用人工智能发展》，载《人民日报》2023 年 6 月 26 日，第 5 版。

具有千亿级甚至万亿级参数量的通用大模型面前，研发者难以精准控制或解释每一个算法的细节，"技术黑箱"问题也由此产生。具体而言，虽然人工智能通用大模型能够高质量地生成各种人类所需的内容，但研发者可能无法解释其决策的依据和原因，这也导致了 ChatGPT 等生成式人工智能进行具体决策时的不可解释性。[1] 在某种意义上，这或许就是 ChatGPT 的研发团队无法解释 ChatGPT 如何产生逻辑推理能力的原因。随着 ChatGPT 等生成式人工智能的进一步发展，将来极有可能出现能够摆脱自然人控制，具有独立、自由意识意志的人工智能，而这就必然会引发法学界对该人工智能法律地位以及责任能力和责任承担路径等问题的关注和讨论。

第二节　人工智能的代际更迭

近年来，人工智能技术蓬勃发展并日益受到重视。2018年 10 月习近平总书记在十九届中共中央政治局第九次集体学习时指出，"加快发展新一代人工智能是事关我国能否抓住新

---

1. 参见匡文波、王天娇：《社交媒体算法推荐传播逻辑与平台社会责任》，载《上海交通大学学报（哲学社会科学版）》2023 年第 5 期。

一轮科技革命和产业变革机遇的战略问题"。[1] 人工智能技术的发展走过了普通人工智能时代的"昨天"，正经历弱人工智能时代的"今天"，并终将迎来强人工智能时代的"明天"。正如霍金所言，"我们站在一个美丽新世界的入口，而这是一个令人兴奋的，同时充满了不确定性的世界"。[2] 人工智能技术在促进经济发展、提高人民生活水平、为人类社会带来种种"惊喜"的同时，也会引发诸多风险和不确定性。明晰人工智能技术的发展路径，明确涉人工智能犯罪的刑事责任承担方式，一方面促进技术进步、鼓励技术创新，另一方面守住不发生严重风险的底线，为社会和谐发展保驾护航，是刑法在"昨天""今天"和"明天"始终应当肩负的任务。

根据发展形态，我们可以将机器人技术的发展历程分为三个阶段——普通人工智能时代、弱人工智能时代和强人工智能时代。普通机器人与智能机器人的区别在于，前者不具有深度学习能力，后者具有深度学习能力。后者又可进一步分为弱智能机器人和强智能机器人，二者的区别在于该机器人是否能够在自主意识和意志的支配下独立作出决策并实施行为，是否具有辨认能力与控制能力。弱智能机器人尚不具备这一要件。简言之，从普通机器人到弱智能机器人再到强智能机器人的"进

---

1. 《推动我国新一代人工智能健康发展》，新华网，http://www.xinhuanet.com/politics/leaders/2018-10/31/c-1123643321.htm。

2. ［英］史蒂芬·威廉·霍金：《当我们站在一个美丽新世界的入口》，载《新华日报》2017 年 5 月 23 日第 15 版（整理自史蒂芬·霍金 2017 年 4 月 27 日在北京全球移动互联网大会上的视频演讲）。

化"史，其实就是一部机器人的辨认能力与控制能力逐渐增强、人之意识与意志对"行为"的作用逐步减弱的历史。随着智能机器人的不断进化，人与智能机器人在对"行为"的控制与决定能力上存在着此消彼长的关系。鉴于自我决定、自由意志是刑事责任能力的内核，当自我决定、自由意志的主体发生变化时，承担刑事责任的主体也就势必要相应地发生变化。基于此，笔者认为，应根据不同时代机器人的特征确定涉人工智能犯罪的刑事责任承担路径。

一、普通人工智能时代

机器人是自动执行工作的机器装置。机器人可以分为普通机器人和智能机器人，智能机器人是在普通机器人的基础上发展起来的，因此笔者将普通人工智能时代称为人工智能技术发展的"昨天"。普通机器人的任务是协助或取代人类的重复烦琐或者危险的工作，如生产业、建筑业等。最为典型的普通机器人为ATM机或工厂中受电脑编程控制、代替人类从事繁重重复劳动的机械手。在此，笔者仅以ATM机为例分析普通机器人与"机器"和"人"的区别。

ATM机又称自动柜员机，是指为客户利用银行卡进行提款、存款、转账等银行业务柜台服务的设备。从某种程度上分析，我们完全可以认为ATM机替代了银行职员的部分功能。

对于 ATM 机的性质，学界存在不同的看法。有学者将 ATM 机完全等同于普通"机器"[1]，也有学者认为应将 ATM 机作为"人"来看待。[2] 笔者认为，以上看法均有失偏颇，ATM 机既非"机器"也非"人"，而是"机器人"。[3] 我们说 ATM 机不是"机器"，是因为它不同于纯粹机械运作的机器，ATM 机的设计者和制造者通过电脑编程赋予了 ATM 机识别功能。ATM 机可以将取款人输入的密码与持卡人在银行预存的密码进行对照，判断是否应让取款人成功取得钱款。而识别功能是"人脑功能"，而非普通机器具有的功能，因此将 ATM 机视为"机器"似乎不甚妥当。我们说 ATM 机不是"人"，是因为 ATM 机的识别功能是电脑编程所赋予的，其所有"行为"完全在电脑编程的控制和支配之下实施，这与人脑所具有的识别功能存在本质的不同（人脑所具有的识别功能是在自主意识和意志的支配之下发挥作用的）。另外，ATM 机除电脑赋予的识别功能外，并不具有人脑所具有的其他功能（如情感功能、运动功能、感觉功能、语言功能等），因此将 ATM 机视为"人"也不甚妥当。依笔者之见，以 ATM 机为代表的普通机器人中所蕴含的"人"的成分较少（只占 10%—30%），而蕴含的"机器"的成分较多。

---

1. 参见张明楷：《许霆案的刑法学分析》，载《中外法学》2009 年第 1 期。
2. 参见刘明祥：《再论用信用卡在 ATM 机上恶意取款的行为性质——与张明楷教授商榷》，载《清华法学》2009 年第 1 期。
3. 参见刘宪权：《网络侵财犯罪刑法规制与定性的基本问题》，载《中外法学》2017 年第 4 期。

总之，包括 ATM 机在内的经电脑编程的机器既不是"机器"，也不是"人"，我们可以将其称为"机器人"。由于这些"机器人"具备识别功能等"人脑功能"，同时又可以在电脑编程的控制和支配下代替人类从事劳动，即具备机器的特征，所以将 ATM 机视为"机器人"可以准确、全面地反映其特点和本质。机器所体现的意识本质上是人的意识，而这也正是其与一般机械性机器的主要区别所在。在金融犯罪及侵财犯罪的认定中，我们认为 ATM 机既不是"机器"也不是"人"而是"机器人"，即如果行为人利用"机器人"所具有的"识别"功能中的认识错误获取财物，就应该对行为人的行为按诈骗类（包括信用卡诈骗）的犯罪认定；如果行为人是利用"机器人"本身存在的"机械故障"获取财物，则应该对行为人的行为按盗窃类的犯罪认定。

以 ATM 机为代表的普通机器人具有电脑编程所赋予的识别功能，但是不具备人脑的其他功能。因此，我们应将 ATM 机视为"机器人"。使用者将银行卡插入 ATM 机并输入取款密码后，ATM 机会根据电脑编程启动其识别功能，判断使用者输入的密码与持卡人在银行预留的密码是否一致，如一致，则使用者可以成功取得钱款。换言之，根据预先设定的程序，只要行为人手持合格的信用卡并输入正确的密码，ATM 机就会付款给行为人。

笔者认为，基于 ATM 机"机器人"的特性和付款给取款人的程序，以 ATM 机为代表的普通人工智能时代主要存在两个方面的刑事风险：第一，行为人可利用 ATM 机的识别功能，使 ATM 机陷入认识错误而获取钱财。在 ATM 机上合法规范的取款行为应该具备三个要素，即合格的信用卡、正确的密码、合法持卡人。其中，合格的信用卡是指通过银行正常业务流程取得的具有转账、结算、存取现金、信用贷款等部分或全部功能的电子支付卡；正确的密码是指与持卡人在银行预留的密码相一致的密码；合法持卡人是指银行卡上所记载的持卡人或者银行卡上记载的持卡人合法委托的代理人。不难看出，在 ATM 机上取款成功只需具备两个要素，即存在合格的信用卡和输入正确的密码。如果非法持卡人获得正确的密码，同样可以在 ATM 机上成功取得钱款。这就为行为人恶意利用 ATM 机的识别功能、非法持信用卡在 ATM 机上取款提供了空间。第二，当 ATM 机出现程序紊乱或机械故障时，行为人有可能会恶意利用这种错误取得钱款，最为典型的是 2006 年发生的许某案。许某以非法占有为目的，利用 ATM 机本身的故障取款 17 万余元人民币（许某的银行卡内余额仅有 170 余元），此时，在真卡、真人和真密码的情况下，许某取款并不是利用 ATM 机识别功能上的认识错误欺骗"机器人"，而是利用 ATM 机的机械故障。可见，"机器"与"机器人"的根本区别在于其是否具有部分人脑功能，不具有部分人脑功能的"机器"是不可能"被骗"的。

以 ATM 机为代表的普通机器人中蕴含的"机器"的成分远大于"人"的成分，在作为犯罪工具时，和一般的冷兵器没有本质区别。正如行为人使用菜刀杀人，菜刀的设计者和生产者无需负刑事责任一样，在行为人将普通机器人作为犯罪工具的情况下，普通机器人的研发者当然不应承担刑事责任，仅应由使用者承担刑事责任。故而，以普通机器人为工具的这种行为犯罪性质的认定，与传统犯罪并无差异，但是以普通机器人为犯罪对象的行为的犯罪性质的认定有可能会因普通机器人的特征而受到影响。笔者已在上文中论述过，以ATM机为代表的普通机器人具有识别功能，但不具备人脑的其他功能，其既区别于"机器"，也区别于"人"，应被认定为"机器人"。ATM机既具有部分"机器"的特性，也具有部分"人"的特性。当利用ATM机的识别功能时，我们相当于在利用ATM机"人"的部分功能。经电脑编程后的ATM机可以基于欺骗行为产生认识错误，因此可以成为被欺骗的对象。在冒用他人信用卡时，对银行职员的欺骗和对ATM机的欺骗并无本质差异，都是使被欺骗的对象陷入认识错误，并基于认识错误交付钱款，本质上都是诈骗类的行为。刑法将冒用他人信用卡的行为认定为信用卡诈骗罪，是完全合理的。需要指出的是，笔者并不认为ATM机就等同于金融机构的业务员。ATM机与真正意义上的业务人员相比，除了能完成一些简单的业务操作外，并不具有人脑的其他思维、辨别能力。就此而言，如果ATM机出现了机械故障，我们最多只能说这类似于人的精神出了问题，而决不能将此理解为是人的认识或理解错误。此观点最主要解决的是，如果行为人利用ATM机等普通机器人被电脑赋予的识别功能获取钱财，则应构成诈骗类的犯罪，人的意志通过程序在普通机器人身上得以体现，普通机器人所体现的意志就是人的意志，因此普通机器人可以成为诈骗类犯罪的对象。而行为人如果利用普通机器人本身所具有的机械故障获取财物，相当于从精神病人处获取钱财，则应构成盗窃类犯罪。

二、弱人工智能时代

弱智能机器人是智能机器人发展的初级形态，无论是弱智能机器人还是强智能机器人都具有深度学习能力。深度学习的概念由杰弗里·辛顿（Geoffrey Hinton）等人于 2006 年提出，是机器学习研究中的一个新的领域，其动机在于建立、模拟人脑中进行分析学习的神经网络，从而模拟人脑的机制来解释数据（包括图像、声音和文本等）。[1] 例如目前购物平台利用大数据分析方法探求用户潜在需求并为用户推送个性化商品或服务、围棋机器人战胜世界围棋冠军、自动驾驶以及人机对话等，都是在以深度学习为支撑的弱人工智能技术背景下实现的。

弱人工智能技术的发展将会为人类生活带来福祉。目前，人类社会仍面临着诸多困难，如繁重的体力劳动、生产领域的

---

1. 参见段艳杰、吕宜生、张杰：《深度学习在控制领域的研究现状与展望》，载《自动化学报》2016 年第 5 期。

人身风险、交通堵塞、环境污染、疾病瘟疫等。人工智能技术的出现，为人类历史性难题的解决提供了新的方式和思路。弱人工智能技术的发展，为人类的生活带来了极大的便利，并促进了生产力的提升和经济的发展。在生活领域，家居智能机器人不仅方便了我们的生活，还提高了能源利用率。例如，在一个由人工智能技术控制的生活空间中，智能硬件会根据居住人的生活习惯，自动切换到消耗最少资源但能使居住人享受最佳生活状态的模式。在生产领域，智能机器人可以代替人类从事繁重、重复或高危的劳动，从而极大地提高生产效率，节约人力成本。在商业领域，经营者可以利用人工智能技术对用户数据进行整合分析，从而为每一个用户提供契合需求的个性化服务。在医疗领域，智能机器人凭借其强大的深度学习能力以及精准的控制能力，可以在诸多领域为医生提供重要的辅助，甚至可以在某些方面替代医生。在文化领域，智能机器人可以写出美妙的诗篇，人工智能翻译器可以在不同语言之间进行自如切换，帮助不同国家和地区的人们更好地沟通和交流。

弱人工智能技术是把"双刃剑"，其在为人类的生产和生活带来极大便利的同时，也为国家和公共安全、个人隐私、经济和社会秩序等领域带来了刑事风险。目前，弱人工智能技术蓬勃发展，但缺乏相应的法律规制。对弱人工智能技术的不合理运用，极易使得其发展方向偏离合理的轨道，从而对国家安全和公共安全造成威胁。其一，弱人工智能技术与军事的结合，可能会给国家安全甚至世界和平带来极大的威胁。2017 年，谷歌与美国国防部合作建设 Maven 项目（也被称为"算法战争跨功能团队"——AWCFT：Algorithmic Warfare Cross-Functional Team），意图"加快国防部整合大数据和机器学习"进程，首要任务是利用人工智能技术帮助美国国防部有效处理利用无人机搜集的全球各地的海量视频资料。谷歌在该项目中的作用是为美国国防部提供 Tensor Flow API 接口，用来帮助军事分析人员检测图像中的物体。尽管遭到了公司内部和外部的双重压力，谷歌也一度想终止此项合作，但就在 2018 年 6 月，谷歌 CEO 桑达尔·皮查伊（Sundar Pichai）发表了题为《谷歌人工智能：我们的原则》（AI at Google：Our Principles）的文章，指出谷歌并不会终止与美军的合作。美国国防部分析全球各地视频资料的目的暧昧不明，完全有可能威胁各国国家安全和世界和平，谷歌为美国军方提供人工智能技术支持的做法可以说是"助纣为虐"。无独有偶，韩国科学技术院于 2018 年建立了人工智能研发中心，目的是研发适用于作战指挥、目标追踪和无人水下交通等领域的人工智能技术。消息一出，即遭到 30 多个国家和地区的人工智能技术专家的反对。这些专家认为，"自动武器一旦成熟，战争发展速度和规模将前所未有，它们可能会被恐怖分子利用"。不可否认，人工智能技术在军事领域可以发挥有益作用，例如帮助完成扫雷等严重威胁人类安全的任务，但是一旦将人工智能技术全面应用到军事领域中，无疑会增大战争的杀伤力，给世界和平和人类安全带来更大威胁，尤其是如果被某些别有用心的国家或者恐怖分子恶意利用，将会带来难以想象的恶果。其二，弱人工智能技术与传统科学技术的结合，可能会给公共安全带来威胁。其中，最典型的莫过于自动驾驶技术。2018 年 3 月，在美国亚利桑那州发生了一起 Uber 无人车撞死行人的事故。时隔不久，一辆开启了自动驾驶模式的特斯拉汽车撞上高速路旁的隔离带，车主不幸丧生，并引发两车追尾。自动驾驶技术除了可能引发道路上的交通事故、造成人员伤亡、威胁公共安全之外，还有可能被应用到无人坦克或无人汽车炸弹等军事领域，从而给人类生命安全带来更大的威胁。

弱人工智能技术的应用可能会带来侵犯公民个人信息等刑事风险。其一，用于合理用途的人工智能技术也有可能在客观上造成对公民个人信息的侵犯。人工智能技术的发展离不开以大数据分析为基础的深度学习，离开大数据和海量信息的支撑，人工智能技术犹如无源之水、无本之木。2018 年，英国剑桥大学公布了一项名为"天眼"（Eye in the sky）的人工智能技术研究项目，即利用无人机挂载摄像头拍摄人群影像，再利用人工智能技术识别影像画面，从而发现人群中的暴力行为。虽然这项技术在维护公共安全、边境安全等方面发挥积极作用，但也不可避免地会侵犯公民的个人信息甚至隐私。另外，一些 P2P 借款平台尝试利用人工智能技术在网上查找债务人及其亲朋好友的信息，并通过大数据分析选择合适用语和合适方式催促债务人还款。但一旦查找信息的方式越过法律的

"底线"，P2P 借款平台的行为就有可能构成侵犯公民个人信息犯罪。其二，犯罪团伙利用人工智能技术可以更加快捷的方式、更低廉的成本获取公民个人信息，从而造成对公民个人隐私的侵犯。黑客犯罪团伙利用网站漏洞非法获取网站后台用户注册数据（脱库），并用这些数据尝试登录其他网站，得到用户在各个网站用于登录的账号和密码（撞库）。[1] 这一系列行为已经形成了一个黑色的产业链。犯罪分子在其中获得的精准的用户信息对于实施其他犯罪行为具有重要"价值"。以上行为无疑是对公民个人信息的侵犯，同时也为犯罪分子利用这些公民个人信息实施其他犯罪行为提供了便利条件。

弱人工智能技术的不当利用可能会对经济秩序和社会秩序造成破坏。其一，弱人工智能技术的不合理应用可能会对经济秩序造成破坏，从而产生相应的刑事风险。例如，在证券市场中，行为人可以利用人工智能技术对数据进行深度学习和分析，快速掌握有利信息，或者非法获取与证券、期货价格变动紧密关联的信息，或者利用智能机器人的快速反应进行高频交易，造成股价的变动或证券、期货市场价格的异常波动，并在这种波动中以极低的风险掠夺市场财富，违背了证券、期货交易中的"公平、公正、公开"原则，对证券、期货的交易秩序造成远比一般的市场操纵行为更为严重的破坏。需要说明的是，利用人工智能技术操纵证券、期货市场的行为与利用智能

---

1. 参见《人工智能涉罪细节首次披露：你的个人信息是这样被破解的》，搜狐网，http://www.sohu.com/a/202973604_659173。

投顾（Robo-advisor，又称机器人理财）进行投资参考存在本质的区别。智能投顾是指，智能机器人根据用户自身的理财需求（包括用户的风险承受水平、收益目标、投资风格和偏好等），运用算法为用户提供投资参考，从而帮助用户作出资产配置的决定。智能投顾并没有破坏正常的市场交易秩序，不存在构成犯罪的风险。智能投顾利用智能机器人对数据快速、精准的分析和处理能力，帮助用户作出投资决策的行为，与故意利用人工智能技术非法在证券、期货市场中牟利的行为的主要区别在于是否恶意利用人工智能技术牟利、破坏市场交易秩序。其二，弱人工智能技术的不合理应用可能会对社会秩序造成破坏，从而产生相应的刑事风险。例如，在 AlphaGo 和 AlphaGo Zero 战胜围棋世界冠军之后，智能机器人的深度学习能力和高速运算能力引起了社会的高度重视，有部分居心不良的人意识到可以利用人工智能技术在比赛中作弊，从而牟取不正当利益。2018 年 4 月，在丽水清韵杯全国业余围棋公开赛中，一位不知名的棋手利用围棋 AI 作弊，取得了比赛的胜利。[1] 笔者认为，如果比赛选手为了获取高额奖金而利用人工智能技术进行作弊，应当构成诈骗罪。在没有高额奖金的情况下，选手如有利用人工智能技术作弊的行为，虽违背了围棋精神、破坏了比赛的公平原则，但仍无法追究行为人的刑事责任。可能会有人将围棋比赛中的作弊行为与考试作弊相类比，

---

1. 参见金雷、张建东：《岂容一粒屎玷污一盘棋——聚焦围棋疑似 AI 作弊事件》，载《新民晚报》2018 年 5 月 1 日第 3 版。

认为两者存在诸多相似之处。笔者认为，围棋比赛和普通考试存在不同的特点和侧重点。围棋共有 361 个落子点，所以围棋棋局的总排列组合数大概有 2 的 360 次方，围棋比赛侧重考验参赛者的思维能力和决策能力。正因如此，人工智能技术所蕴含的深度学习和高速运算能力能够在围棋比赛中发挥更大的作用。"深度学习需要对一个大型的神经网络进行训练，使其对数据中的模式做出反应。"[1]而普通考试侧重考查考生的记忆力及对特定知识的运用能力，标准答案往往是唯一的。由于普通考试一般不包含相关经济利益，所以一般无需用高成本的智能机器人对面临的状况进行分析并迅速作出反应。但是，人工智能技术在普通考试中仍有用武之地，如回答主观题、写诗写作文等。利用人工智能技术在法律规定的国家考试中实施作弊行为，可能会构成考试作弊类的犯罪（如组织考试作弊罪等）。又如，在 2018 年俄罗斯世界杯期间，莫斯科某酒店提供"机器人妓女"服务，利用智能机器人向游客提供特殊服务。由于这项服务经过政府特别许可，因此是合法的。荷兰政府也拟于2050 年之前推出"机器人妓女"项目。应当看到，在俄罗斯和荷兰等国，卖淫行为可以因经政府许可而具有合法性。但是在我国卖淫行为是违法的，如果我国推出"机器人妓女"项目，相关人员是否会涉嫌组织、容留、介绍卖淫等犯罪？如果答案是肯定的，那么在"机器人妓女"提供的特殊服务与传统

1.《谷歌破解围棋难题》，东方头条，http://mini.eastday.com/a/160129110359674-2.html。

意义上的卖淫行为存在本质不同的情况下，将这种行为认定为组织、容留、介绍卖淫等犯罪，是否属于类推解释并为罪刑法定原则所禁止？[1] 如果答案是否定的，则"机器人妓女"提供服务的行为是否完全不会妨害我国的社会管理秩序，即其本质上不具有严重的社会危害性？以上问题，根据现行刑法规定，我们根本无法得出确定的答案。

弱人工智能技术的不当利用可能会对公民人身安全和财产安全造成侵犯或威胁。例如，杀手机器人的出现，一度引起人们的恐慌。它的可怕之处在于其可以识别各种伪装，精准地搜寻到打击对象并一击即中。这种致命性的自主武器成本低，却威力巨大。再如，手术机器人可以运用微创方法，实施复杂的外科手术。但是在英国首例机器人心瓣恢复手术中，机器人把病人的心脏放错位置，并戳穿大动脉，最终导致病人在术后一周死亡。[2] 以上行为无疑会对公民的生命、健康和财产等安全造成侵犯或威胁。

在弱人工智能技术蓬勃发展的"今天"，笔者认为，智能机器人尚无独立意识和意志，智能机器人独立作出决策并实施行为更无从谈起，其仍然只是人类的工具。人工智能技术在为人类带来福祉的同时，也为人类带来了诸多刑事风险，如危害

---

1. 参见马克昌：《比较刑法原理——外国刑法学总论》，武汉大学出版社 2015 年版，第 15 页。
2. 参见《达芬奇机器人心瓣手术，致人死亡？》，百家号，https://baijiahao.baidu.com/s?id=1616721485785441586&wfr=spider&for-pc。

国家安全和公共安全、侵犯公民个人信息、破坏经济秩序和社会秩序等。对于其中的绝大部分刑事风险所涉及的犯罪行为，《刑法》及相关司法解释可以进行有效的规制。例如，对于人工智能技术发展过程中对公民个人信息的侵害行为，可以运用相关法律及司法解释予以规制。再如，在证券、期货市场中，恶意利用人工智能技术牟利、破坏市场交易秩序的犯罪行为，可以利用内幕交易、泄露内幕信息罪，操纵证券、期货市场罪及相关司法解释予以规制。又如，利用人工智能技术研究大规模杀伤性武器的行为，现行刑法条文仍可予以规制。但是，我们也应看到，人工智能技术的井喷式发展和法律的滞后性也形成了不和谐的局面，"无法可依"的危害在某些领域已显露端倪。例如，在自动驾驶接二连三造成事故，危害到公民的人身安全和公共安全的时候，我们没有行之有效的法律可以对这些风险进行良好的规制。[1]

在弱人工智能技术飞速发展，但仍未出现在自主意识和意志的支配下独立作出决策并实施严重危害社会行为的强智能机器人的"今天"，由于弱智能机器人不具有独立的辨认能力和控制能力，不能作为刑事责任主体承担刑事责任，所以对于涉及弱智能机器人的犯罪行为，仍应由弱智能机器人的研发者和使用者承担刑事责任。技术并非中立，如果人工智能技术被别有用心的人恶意利用，必将为人类社会带来巨大的灾难。因

---

1. 目前仅有 2018 年 4 月 3 日工业和信息化部、公安部、交通运输部《智能网联汽车道路测试管理规范（试行）》以及各地制定的相关管理文件。

此，必须为技术的发展"画圈"，进行相应的规制，探索人工智能技术为人类谋福利的路径，并尝试消解发展人工智能技术可能为人类社会带来的不利影响。"如果我们追问科技何以向善，答案必然不在技术创新本身。因为技术创新自身并不能保证广泛的社会进步。"[1]2017年国务院《新一代人工智能发展规划》提出："初步建立人工智能法律法规、伦理规范和政策体系，形成人工智能安全评估和管控能力。"笔者认为，让人工智能技术"向善"的途径在于设定统一的伦理规范，并通过建立一系列完善的法律法规，为智能机器人的研发者和使用者设立相应的风险防范义务。对社会有重大影响的伦理规范可以上升为法律规范，相关人员违反了相应的法律规范并对社会造成严重危害的，可以追究其刑事责任。如此，这套有层次的伦理和规范制度便可以作为人工智能时代社会稳定和人民安居乐业的捍卫者。

弱人工智能技术正在塑造我们的所见所闻、所思所感，甚至在塑造着我们的文化和价值观。然而，人工智能"黑箱"[2]的存在是现实问题，人们担心在这个"黑箱"中运行的算法如果不受伦理和法律的约束，将会固化或加剧社会的不公平，甚至会产生人类难以预料的恶果。亨利·基辛格（Henry Kissinger）

---

1. 曹建峰：《除了拼技术，谷歌、微软、IBM都争相给AI搞价值观》，搜狐网，http://www.sohu.com/a/234445451_455313。

2. 人工智能"黑箱"，在技术层面而言，是指由于机器学习神经网络中存在隐层，科学家无法说明机器学习的优化结果出自哪个节点，并做出令人信服的解释的情形；在社会层面而言，也隐喻了人工智能技术的不透明性。

发表了一篇题为《启蒙运动如何终结》（How the Enlightenment Ends）的长文，阐发了对人工智能技术的看法。他认为，面对人工智能技术的兴起，人类社会在哲学、伦理等各方面都还没有做好准备。[1] 各大科技公司为了应对人工智能技术发展可能带来的伦理问题，消解公司产品的负面影响，赢得公众的信任，纷纷成立 AI 伦理委员会，并提出本公司人工智能发展的核心价值观和遵循的基本原则。笔者认为，科技公司受利益驱动，在塑造人工智能价值观的时候难免有失偏颇，正确路径应是由各国政府出面，以交流磋商的形式，为人工智能技术的发展塑造一套统一的价值观，推动达成人工智能伦理共识并用以形成对人工智能技术创新及应用的伦理约束，唯有如此，人工智能价值观才能发挥最大作用，不少国家为此付出了努力。例如，2018 年 6 月，在加拿大沙勒沃伊举办的 G7 峰会上，七国集团领导人达成"人工智能未来发展的共同愿景"；[2] 欧盟成立"人工智能高级小组"（High Level Group on Artificial Intelligence，AIHLG），起草人工智能道德准则。[3] 笔者认为，统一的人工智能伦理规范和价值观应包含以下几个方面的内

---

1. 参见 Henry-A·Kissinger："How the Enlightenment Ends"，http://www.theatlantic.com/magazinelarchive/2018/06/henry-kissinger-ai-could-mean-the-end-of-human-history/559124/。
2. 参见《七国集团今日将就开发 AI 的行为准则达成一致》，腾讯网，https://new.qq.com/rain/a/20231030A04TJE00。
3. 参见《AI 伦理引各国关注，欧盟成立相关小组构建规范机制》，搜狐网，http://www.sohu.com/a/236015269_703270。

容：第一，人工智能技术应以维护人类整体利益、增进人类福祉为核心原则。DeepMind 宣称，"人工智能技术必须遵循最高的伦理标准以实现其对世界的巨大好处。技术并非中立、没有价值观。技术人员必须负责任地应对其技术研发和应用活动的伦理和社会影响。AI 应服务于全球的社会和环境福祉，帮助建设更公平、更平等的社会，被用来改善人们的生活并将人们的权利和福祉置于核心位置"。微软公司也提出在 AI 最大化效率的同时，尊重人类尊严并辅助人类是人工智能技术发展过程中必须遵循的核心原则。第二，在设计和制造智能机器人时，必须为其嵌入人类的道德和价值观。人工智能的发展为我们带来了新的有关人性与道德的思考，尤其是在医疗、教育等特定领域，稍有偏差便有可能引发伦理方面的风险。因此，在发展人工智能技术的同时，必须赋予智能机器人伦理道德判断能力，使智能机器人的行为符合人类社会的整体发展方向和人类的根本利益。"木受绳则直，金就砺则利，君子博学而日参省乎己，则知明而行无过矣。"伦理道德并非自然界的产物，而是人类社会中特有的现象，因此，人类并非生来就懂得伦理和道德，是靠后天接受教育而习得，智能机器人也是如此。如果想让智能机器人知晓并遵守人类的伦理道德规范，将人类的伦理道德规范写入智能机器人的程序中应是最直接有效的方式。第三，必须为人工智能技术所产生的不利后果确定具体的责任主体。正如微软 AI 部（Microsoft AI）所提到的"AI 必须具有算法可责性"，即设计、应用人工智能系统的人必须对其系统的运行负责。DeepMind 也提到，对于人工智能系统可能具有产生意外后果或失灵的风险，以及被用于不道德的目的可能性，相关责任主体必须提前预见并做好预案。

应当看到，人工智能的相关伦理和道德规范不具有强制约束力，仅靠伦理和道德规范规制人工智能技术的发展方向和智能机器人的研发使用过程是远远不够的。伦理与法律之间存在较高的耦合性和关联度，笔者认为，应当将对社会有重大影响的伦理规范上升为法律规范，运用法律的强制力来规制人工智能技术所带来的风险，在鼓励技术创新的同时保护人类的根本利益。在对人工智能技术进行立法方面，我们可以参考其他国家和地区的立法尝试。2016 年欧洲议会向欧盟委员会提出的机器人法立法建议报告中提出，应设立一个专门的规制机构（欧洲机器人和人工智能局）来统领人工智能领域的规则、标准制定和日常行政管理事务；自动化机器人应享有电子人的法律地位并有责任弥补自己造成的损害。德国于 2017 年 5 月通过了针对自动驾驶的法案，对《道路交通法》进行了修改，明确了自动驾驶模式下发生交通事故时的归责原则。美国国会于 2017 年 12 月提出《人工智能未来法案》(Future of Artificial Intelligence Act of 2017)，对人工智能技术的发展现状和前景进行了梳理，对于人工智能技术可能引发的社会问题等提出了建议对策。笔者认为，在对人工智能技术进行立法时，应遵循适度性原则，为人工智能技术的发展预留空间，不能因一味强调预防风险而阻滞创新，也不能因技术本身所蕴藏的风险而

"因噎废食"，更不能因为技术上负面影响的存在而否定整个技术的积极作用。因此，有关人工智能技术的立法应以鼓励和引导为主、打击和规制为辅。笔者认为，目前立法者应着重从以下几个方面入手：第一，构建和完善人工智能技术研发标准，对研发者的资质和研发内容进行严格审核。以自动驾驶为例，应尽快制定国家层面的法律规范，为自动驾驶汽车提供各项产品标准、制造标准，为自动驾驶测试提供安全标准。第二，确立智能机器人致损的归责原则和标准。仍以自动驾驶为例，在目前的技术水平下，尚未研发出在任何时候都不需要人为操作的功能，如果在自动驾驶模式下发生了交通事故时，责任应如何在汽车制造商和驾驶员之间进行分配？在自动驾驶系统发出请求人工控制的信号后发生交通事故时，责任又将如何分担？这些问题都需要立法者给出明确的答复。第三，对于与公民个人身份相关的可识别性信息，应建立销毁制度及赋予公民知情同意权。数据的共享和开放无疑可以为人工智能的发展提供动力，但也不可避免地造成个人信息的泄露，尤其是与公民特定身份相关的可识别性信息的泄露将会对公民的人身和财产安全造成威胁。因此，应重视对公民个人信息的保护，尤其是和个人身份紧密相关及能够体现自然人活动轨迹的信息，法律更应予以重点保护。另外，笔者认为，在进行数据输入时，应将具有可识别性的个人信息和不具有可识别性的个人信息予以区分。法律可以鼓励对不具有可识别性数据的利用、开放和共享，以实现数据的价值，促进技术的发展和进步；法律应当禁止对具有可识别性的个人信息的泄露和非法使用，并建立严格的信息销毁制度。

　　刑法理应承担起维护社会稳定健康发展、人民安居乐业的任务。在智能机器人的研发和使用过程中，如果研发者或使用者故意利用智能机器人实施犯罪行为，或者由于违反法律法规规定的注意义务，给社会造成严重损害的，便需要追究其刑事责任。笔者认为，对于研发者或使用者故意利用智能机器人实施犯罪行为的情况，我们完全可以将智能机器人当作犯罪工具，只追究研发者或使用者的刑事责任。因为在弱人工智能时代，智能机器人不具有独立的辨认能力和控制能力，也就不具有刑事责任能力，无法承担刑事责任。研发者和使用者事先通谋，利用智能机器人实施犯罪行为，可以按照共同犯罪的相关原理来追究二者的刑事责任，笔者在此不再赘述。值得一提的是，在研发者和使用者没有通谋的情况下，对于涉人工智能犯罪的刑事责任，应如何在研发者和使用者之间进行分配？依笔者之见，根据弱智能机器人的特性分析，弱智能机器人中所蕴含的"人"的成分较多（可能占50%—70%，在某些领域已经超越人类）[1]，而蕴含的"机器"的成分则较少。弱智能机器人中"人"的成分（人的智能）的存在与表现方式主要取决于

---

1. 在2017年8月举行的一场"人机大战"中，上海交通大学、浙江大学联合科研团队研发的医学影像人工智能分析系统"阿尔法医生"，与一家三甲医院的影像科医生比拼核磁共振影像的直肠癌识别准确率和速度。结果，"阿尔法医生"在准确率上略胜一筹，在速度上则远超医生。

研发者在设计弱智能机器人时通过程序赋予其的功能。正因如此，对于涉弱智能机器人的犯罪，笔者认为，研发者和使用者应当承担比涉普通机器人犯罪的行为人更重的刑事责任。我们可以分为以下几种情况：其一，研发者故意设计并制造出专门实施犯罪行为的智能机器人。在这种情况下，如果使用者明知该智能机器人只能被用于实施犯罪行为而仍然使用，则可以认为，使用者也有利用该智能机器人实施犯罪的故意，也即应分别追究研发者和使用者利用智能机器人故意犯罪的刑事责任。如果使用者误以为该智能机器人是实施合法行为的工具而使用，则使用者对该智能机器人造成的损害不具有故意，不能追究使用者故意犯罪的刑事责任，而应根据使用者是否有预见到该智能机器人可能造成损害的义务，将使用者的行为认定为过失犯罪或意外事件。其二，研发者设计智能机器人时，仅具有让智能机器人实施合法行为的目的。在这种情况下，如果由于使用者的不当使用，使得智能机器人造成对社会或个人的严重损害，则应根据使用者是否存在造成损害的主观故意，追究使用者的故意或过失的刑事责任。如果研发者在设计过程中由于过失使得指导智能机器人实施行为的算法或编程存在缺陷，使用者明知这种缺陷的存在仍然故意利用智能机器人实施犯罪行为，可能构成间接正犯，研发者则构成过失犯罪。如果使用者在使用中也存在过失而使得智能机器人致损，应当分别追究设计者和使用者过失犯罪的刑事责任。其三，受制于技术发展的限制和难以预见的原因，出现了智能机器人致损的情况，研发者和使用者不应承担任何刑事责任，这种情况应被认定为意外事件。另外，需要注意的是，追究研发者或使用者过失犯罪的刑事责任，必须以其违反注意义务为前提。"由于违反注意义务，使不意欲的刑罚法规的构成要件实现，并且违反义务没有认识该构成要件的结果，或者虽然认为可能发生该构成要件的结果，但违反义务相信其不发生而实施的，是实施过失行为。"[1] "过失犯是没有犯罪意思的犯罪行为，是只有法律有特别规定的场合才被处罚的犯罪……所谓过失意味着不注意，在过失的结果犯中，由于违反注意义务惹起结果而被处罚。"[2] 对于设计者或使用者而言，构成过失犯罪必须违背法律法规规定的注意义务。例如，在前置性法律法规明确将"确保自动驾驶汽车遵守交通规则"这一义务赋予自动驾驶汽车的设计者的前提下，可将自动驾驶汽车违反交通规则造成交通事故的过失犯罪的刑事责任归于自动驾驶汽车的设计者。在传统的交通肇事罪的构成要件中，能够承担交通肇事刑事责任的是从事交通运输的人员，而在人工智能时代，自动驾驶汽车在行驶过程中，似乎并不存在从事正常交通运输的人员。自动驾驶汽车是在设计和编制的程序控制之下从事交通运输的，汽车上只有乘客而无驾驶员，在乘客没有违反操作规则干预自动驾驶汽车正常行驶的情况下，乘客对交通事故的产生没有任何原因力，不应承担

1.［德］耶塞克等主编:《德国刑法总论》(第5版)，西原春夫监译，成文堂1999年版，第439页。

2.［日］山中敬一:《刑法总论》，成文堂1999年版，第344—345页。

任何责任。自动驾驶汽车是在设计和编制的程序控制之下在道路上行驶的，其违反交通规则也是在程序支配之下进行的。退一步讲，即使自动驾驶汽车程序发生了紊乱，导致自动驾驶汽车违反交通规则，其根本原因也可以追溯到程序设计和编制中发生的错误或疏忽。由此可见，将自动驾驶汽车违反交通规则造成交通事故的过失犯罪的刑事责任归于自动驾驶汽车的设计者似乎不应有疑义。笔者认为，由于人工智能技术存在较高的风险且专业性极强，应为智能机器人的设计者规定较高的业务上的注意义务。如果智能机器人的设计者"由于疏忽业务上所必要的注意，而引起构成要件结果"[1]，则构成业务过失。对于适用于特殊领域的智能机器人，如法律、医疗、航空航天等领域，如果智能机器人的使用存在特殊的业务要求，使用者违反这种要求，也有可能构成业务过失。在其他情况下，智能机器人的使用者由于不具备业务上的注意义务，仅具备日常生活中的注意义务，因此仅可能构成普通过失。根据刑法基本理论，对于一般过失犯罪而言，无结果即无犯罪。[2]追究智能机器人的设计者或使用者过失犯罪的刑事责任的前提，是智能机器人的设计者或使用者违反注意义务而造成严重危害社会的结果。

---

1. ［日］大谷实：《刑法讲义总论》(第5版)，黎宏译，中国人民大学出版社2023年版，第188页。
2. 参见刘宪权：《刑法学名师讲演录》(第3版)，上海人民出版社2021年版，第194页。

三、强人工智能时代

强人工智能时代虽未到来，但其刑事风险依然可以预见。"风险"在《辞海》中被释义为"人们在生产建设和日常生活中遭遇能导致人身伤亡、财产受损及其他经济损失的自然灾害、意外事件和其他不测事件的可能性"。"风险"与刑法中的"实害"相区别，与刑法中的"危险"相联系。"实害"是已然发生的侵害，"风险"是发生侵害的可能性，二者属已然与未然的关系；"危险"指发生侵害的高度可能性，"风险"指发生侵害的一般可能性，二者属高阶与低阶的关系。由此，当我们谈论"刑事风险"概念时，其并不指向征表着社会危害性的"实害"与"危险"，而可能与"犯罪风险"同义，即刑事风险是发生刑事犯罪的可能性。

刑事风险意味着刑事犯罪可能发生，也可能不发生，刑法所作出的应对也就相应地表现为两个层次：第一，当犯罪发生时，解决刑事责任分配问题；第二，当犯罪可能发生而尚未发生时，通过立法举措威慑并预防犯罪。由此决定了"刑事风险"中的"刑事犯罪"概念可能包含两种含义，从兼具司法与立法的更广义的角度看，它不仅指实然法层面已经被一国刑法规定为犯罪的行为，还包括应然法层面根据时代与情势的需要应当被一国刑法规定但尚未被规定为犯罪的行为。笔者所讨论的弱人工智能时代、强人工智能时代的刑事风险便分别在前述两种语境下展开。一方面，人工智能时代衍生出富有该时代色彩的犯罪样态，如利用人工智能实施的犯罪，人们可以在现行刑法框架下寻求责任分配的解决方案；另一方面，人工智能时代可能催生出以往任何时代不曾具有却为本时代所独有的"严重危害社会的行为"，其在现行刑法框架下尚不占据一席之地，对该行为的规制可能要以前瞻性地修补乃至重构刑法体系为前提。强智能机器人能够在自主意识和意志的支配下独立作出决策并实施严重危害社会的行为，尽管现行刑法尚未有规制，但在不久的将来，应于应然层面将其作为刑事责任主体，并针对其特点设立特殊的刑罚处罚方式。

强智能机器人是智能机器人发展的高级阶段，其与弱智能机器人最大的区别在于其能够在自主意识和意志的支配下独立作出决策并实施行为。"强人工智能"一词是由约翰·罗杰斯·希尔勒（John Rogers Searle）首创的。他认为，计算机不仅是用来研究人的思维的一种工具，只要运行适当的程序，计算机本身就是有思维的。2001 年，由史蒂文·斯皮尔伯格（Steven Spielberg）执导的科幻电影《人工智能》（*Artificial Intelligence*）上映，讲述了在人类已经进入强人工智能时代的 21 世纪中期，一个名叫大卫的机器人踏上寻找"母亲"并找寻自我、探索人性之路的故事。影片中的"主人公"大卫是一个具有自主意识和意志，能够自主作出决策并实施相应行为的强智能机器人。不可否认，影片中对于大卫的描述都只是人类对于智能机器人的想象，对 21 世纪中期人工智能时代生活场景的描述同样也只是影片创作者的幻想。但是技术发展进步的历史正是让幻想照进现实的人类发展史，科技的发展是爆炸式的，随着深度学习技术、神经网络技术、类脑智能技术等的发展，出现能够在自主意识和意志的支配下独立作出决策并实施行为的强智能机器人并非天方夜谭。从弱人工智能时代到强人工智能时代，是一个从量变到质变的过程，量变积累到一定程度便会引起质变，质变的到来可能是突然的，不以人的意志为转移。[1] 正因为如此，我们当然应选择未雨绸缪，提前想好应对策略。

有学者提出，在弱人工智能技术尚未发展成熟的今天，对强人工智能时代刑事风险和刑法应对的研究完全是建立在虚无缥缈的想象之上。"不论是库茨维尔的奇点理论，还是霍金关于人工智能发展完全将是人类末日的警告，都还只是一种假想与猜测""对人工智能未来情境的预见，专家较之常人并没有太大优势，大家都只能是盲人摸象或信口开河"[2]，笔者对此种观点不敢苟同。依笔者之见，目前我们应该从以下两个角度来思考法学界是否有必要研究强人工智能的刑事风险和刑法应对的问题。

其一，作为法学研究者应该"相信谁"？时下，以霍金为代表的物理学家对人工智能技术发展的方向和人工智能技术对人类未来的影响存在显而易见的担忧，认为智能机器人一旦脱

---

1. 参见史平：《量变和质变关系之新解》，载《江西社会科学》1998 年第 1 期。
2. 黄云波：《论人工智能时代的刑法机能》，载《人民法治》2018 年第 6 期。

离人类控制，有可能会给人类带来毁灭性的打击。霍金曾多次表示，"人工智能可能会毁灭人类"。[1] "人工智能有可能是人类文明史的终结，除非我们学会如何规避危险。人工智能一旦脱离束缚，就会以不断加速的状态重新设计自身。人类由于受到漫长的生物进化的限制，无法与之竞争，将被取代，这将给我们的经济带来极大的破坏。"[2] 霍金是著名的物理学家，不是科幻小说家，更不是巫师，对于一个科学技术的问题，我们不应该也没有理由不相信一个著名物理学家的说法。当然我们也应该看到，现在一些商业经营者认为，智能机器人的智慧永远不可能超过人类，人工智能会威胁到人类的观点纯属夸大其词。2018 年 5 月，在以"数据创造价值，创新驱动未来"为主题的中国国际大数据产业博览会上，百度公司董事长兼 CEO 李彦宏提出，"尽管大家对 AI 的看法很多，但人工智能不可能威胁到人类的安全"。[3] 笔者认为，经营者所站的立场与科学家是有所区别的。经营者主要是站在追求经济利益的角度来看待这一问题，他们更希望人工智能技术能够在不受任何限制或者法律规制的状态下自由蓬勃发展，以谋求经营利益的最大化。可能有人会提出，时下也有一些科学家的观点与霍金等人的观点

---

1. 霍金提到的可能会毁灭人类的"人工智能"即是笔者在本书中所探讨的能够在自主意识和意志的支配下独立作出决策并实施行为的"强智能机器人"。
2.《霍金：人工智能也可能是人类文明的终结者》，科学网，https://paper.sciencenet.cn/htmlnews/2017/4/374840.shtm。
3.《李彦宏：百度无人车将在 7 月量产》，联合早报网，http://www.zaobao.com/special/report/supplement/futureofai/ai-china/story20180526-862204。

不同，认为强人工智能时代不会到来，智能机器人永远不可能威胁人类的生存。这里就涉及法学研究者的立场问题，即"信其有"还是"信其无"的问题。作为法学研究者，当然不应囿于时下面临的现状，而更应该放眼未来，居安思危。因此，笔者更倾向"宁可信其有，不可信其无"的立场。因为如果"信其有"，最后强智能机器人没有出现，除了证明我们存在"多虑"的情况外，最终不会对人类社会带来任何危害；但是如果"信其无"，而最后强智能机器人果然出现，人类将会措手不及并陷入极其被动的局面之中。

其二，是否需要未雨绸缪？时下有人提出，即使人工智能技术确实可能会给人类社会带来巨大的威胁，那也需要等这种威胁出现之后再去进行刑法规制，刑法研究不能如此超前。笔者认为，历史已经不止一次地证明，科技的发展乃至时代的更迭往往能够超越人类的想象。科技的发展日新月异，而法律尤其是刑法的制定则需要漫长的时间。如果等到在自主意识和意志的支配下独立作出决策并实施行为的强智能机器人出现的那天，人类可能将不再有能力去规制强智能机器人，而有可能被强智能机器人所控制。因此，我们现在就必须考虑通过立法，在促进人工智能技术高速发展的同时，做好一定的风险防控措施，防患于未然。

尽管今天的我们处于弱人工智能时代，智能机器人仍根据人类设计和编制的程序在人类的控制范围之内实施行为，但是随着技术的飞速发展，出现能够在自主意识和意志的支配下独立作出决策并实施行为的强智能机器人并非无稽之谈。强智能机器人拥有远超人类的学习能力，甚至还可以拥有远超人类的坚不可摧的钢铁之躯，一旦强智能机器人作出与人类根本利益相违背的举动，人类可能面临灭顶之灾。2004年，由亚历克斯·普罗亚斯（Alex Proyas）导演的电影《我，机器人》（*I, Robot*）上映。影片讲述了在2035年，智能机器人作为人类的生产工具，为人类带来诸多便利，很多智能机器人甚至已经成为人类的家庭成员。人类在生产制造智能机器人时，为其输入"机器人三原则"[1]，作为指导智能机器人行为的法则。然而，随着智能机器人学习和运算能力的不断提高，他们学会了独立思考，并曲解了"机器人三原则"，认为人类战争将使得整个人类毁灭。智能机器人为了保护人类，剥夺了所有人类的自由，将人类囚禁在家中。人类与智能机器人的冲突由此开始。2018年，美国麻省理工学院（MIT）训练出了一个号称是世界上第一个精神变态、被罪恶反噬的智能机器人（World's first psychopath AI）。美国麻省理工学院媒体实验室（MIT Media Lab）的研究团队使用死亡、尸体类的图像和文本内容对这个名为诺曼（Norman）的智能机器人进行数据输入，并用深度学习的方法让其学习输入数据中的描述方法，最终培养出了这

---

1. "机器人三原则"，由美国科幻作家阿西莫夫于1940年提出，具体是指：第一，机器人不得伤害人类，或看到人类受到伤害而袖手旁观；第二，机器人必须服从人类的命令，除非这条命令与第一条相矛盾；第三，机器人必须保护自己，除非这种保护与以上两条相矛盾。

个极度变态、阴暗、罪恶的智能机器人。当然，这个智能机器人仍不具有独立的意识和意志，其对外部世界的描述仍然依赖于研究团队对其输入的数据和为其编制的程序。但是未来当技术发展到更高阶段，智能机器人基于强大的技术和学习能力产生自主意识和意志时，类似于诺曼的智能机器人可能会给人类带来难以想象的危害。

强智能机器人可以超出人类的技术控制范围，在自主意识和意志的支配下独立作出决策并实施行为。此时，若仍将实施了严重危害社会行为的强智能机器人作为人类的工具，而仅对强智能机器人的设计者或使用者追究刑事责任，似乎并不妥当。笔者认为，应将在自主意识和意志的支配下独立作出决策并实施严重危害社会行为的强智能机器人作为刑事责任主体。有学者反对将强智能机器人作为刑事责任主体的观点，并提出以下理由，我国刑罚体系中包括主刑和附加刑两大种类，主刑有死刑、无期徒刑、有期徒刑、管制、拘役，即包括生命刑和自由刑；附加刑有罚金、剥夺政治权利、没收财产，即包括财产刑和资格刑。而强智能机器人没有生命，也就没有生命权以及依附于生命权的自由权，更谈不上拥有资格和财产。因此，我国所有的刑罚种类都无法适用于智能机器人。如果将强智能机器人作为刑事责任主体，将会面临强智能机器人应当负刑事责任却在实际上没有办法对其进行刑罚处罚的尴尬局面。

这一理由因存在逻辑上的缺陷而不能成立。从立法层面看，先有犯罪后有刑罚，而非先有刑罚后有犯罪。1979 年《刑法》没有将单位规定为刑事责任主体，其中一个重要原因便是我国刑法规定的主刑中没有一个可以直接适用于单位。但是，随着社会经济的发展，单位犯罪与日俱增，遏制和预防这类危害行为成为现代社会保护自身的需要。单位虽然不能承受生命刑和自由刑，但是可以承受财产刑，也可以专门为单位犯罪增设新的刑罚处罚方式。最终立法者通过对刑罚适用制度的改革——确立单位犯罪中双罚制的刑罚适用方式，将单位纳入刑事责任主体范畴之中。由此可见，因现行刑罚种类无法适用于强智能机器人而将其排除在刑事责任主体范畴之外的理由是不能成立的。正确的思路是，如果强智能机器人在自主意识和意志的支配下独立作出决策并实施了严重危害社会的行为，应将其作为刑事责任主体，对于无法通过现行刑法中的刑罚种类对其进行处罚的问题，解决方法应为重构我国的刑罚体系，增设能够适用于强智能机器人的刑罚处罚方式。

笔者认为，强智能机器人可以成为刑事责任主体，理由如下：第一，强智能机器人具有独立的辨认能力和控制能力。刑法意义上的辨认能力是对行为的性质、后果、作用的认识能力，强智能机器人可以通过其"电子眼""电子耳"认识行为事实，并通过程序中所蕴含的伦理、道德和法律规范对行为的性质、后果、作用进行判断。除辨认能力外，控制能力也是强智能机器人的必备能力。强智能机器人具有在自主意识和意志的支配下独立作出决策并实施行为的能力，具有极其快速的处理能力、反应速度，能够凭借大数据与高速运算能力对行为作出精准的控制。同时，随着类脑智能技术的发展，强智能机器人可以凭借类似于人类大脑的系统和程序判断自己行为的性质，并自主决定实施或不实施相应的行为。因此，强智能机器人与自然人和单位一样，具有辨认能力和控制能力。值得一提的是，强智能机器人所具有的独立的辨认能力和控制能力，与弱智能机器人具有的辨认能力和控制能力存在本质的区别。弱智能机器人只能按照设计者或使用者设计的程序或发出的指令进行行为，其辨认能力和控制能力都是在人类的程序控制范围之内的。换言之，弱智能机器人的辨认能力和控制能力是依附于人类的，不具有独立于人类的自主意识和意志，也就不可能具有独立的辨认能力和控制能力。第二，强智能机器人比单位更接近于自然人。单位是一个依赖于成员而存在的集合体，如果没有成员，单位也就不复存在。单位成员之间是按照单位的统一要求和一定秩序相互联系、相互作用、协调一致，共同形成一个单位整体。可见，单位是一个集合体，单位犯罪是在单位整体意志支配下实施的严重危害社会的行为。强智能机器人是与自然人相类似的个体，其具有与自然人相类似的独立的自主意识和意志，并在独立的自主意识和意志的支配下作出决策并实施相应行为。强智能机器人独立的自主意识和意志比单位的"整体意志"更类似于自然人的意志。既然1997年《刑法》可以将单位纳入刑事责任主体，刑法就没有理由将比单位更接近于自然人的实施了严重危害社会行为的强智能机器人排除在刑事责任主体范畴之外。第三，域外有关的立法例对我们承认强智能机器人的刑事责任主体具有一定的借鉴意义。2016 年欧洲议会向欧盟委员会提出的《欧盟机器人民事法律规则》立法建议报告的第 59 段 f 项建议："从长远来看要创设机器人的特殊法律地位，以确保至少最复杂的自动化机器人可以被确认为享有电子人（electronic persons）的法律地位，有责任弥补自己所造成的任何损害，并且可能在机器人作出自主决策或以其他方式与第三人独立交往的案件中适用电子人格（electronic personality）。"与之类似，沙特阿拉伯授予机器人索菲亚（Sophia）公民身份并向"她"发放了护照，从而成为世界上首个授予智能机器人公民身份的国家。[1] 无论是《欧盟机器人民事法律规则》立法建议报告中提到的复杂的自动化机器人，还是机器人索菲亚（Sophia），都远未达到在自主意识和意志的支配下独立作出决策并实施行为的程度，但在以上的立法例中，都将其作为"准自然人"来看待。强智能机器人在很多方面超越人类，其蕴含的"人"的成分可以达到 90% 以上（甚至达到 100%），将能够在自主意识和意志的支配下独立作出决策并实施行为、更接近于自然人的强智能机器人纳入刑事责任主体的范畴似乎并无不妥。当强智能机器人在自主意识和意志的支配下独立作出决策并实施严重危害社会的行为时，其应当作为刑事责任主体独立承担刑事责任；当强智能机器人和研发者或使用者共同实施严重危害社会的行为时，应当按照共同犯罪的原理，让强智能

---

1. 参见《沙特阿拉伯成为第一个向机器人授予公民资格的国家》，新浪科技，http://tech.sina.com.cn/d/i/2017-10-27/doc-ifynfvar4425645.shtml。

机器人与研发者、使用者共同承担刑事责任。

应该看到，我国目前的刑罚种类都无法适用于强智能机器人，应重构我国的刑罚体系，使得强智能机器人被纳入刑罚处罚的范围，并针对强智能机器人自身的特点，设立特殊的刑罚处罚方式，以满足对强智能机器人犯罪的特殊处罚需求。根据强智能机器人是否存在物理形体，可以将强智能机器人分为有形的强智能机器人和无形的强智能机器人。对于无形的强智能机器人而言，其存在的基础在于程序，程序之于无形的强智能机器人而言，犹如生命之于自然人。笔者认为，可以根据无形的强智能机器人所实施行为的社会危害性大小，分别对其适用删除数据、修改程序、删除程序等刑罚处罚。所谓"删除数据"，即删除强智能机器人实施犯罪行为所依赖的数据信息，犹如砍掉杀人犯的双手，从而使其失去实施先前犯罪行为的能力。所谓"修改程序"，即通过对强智能机器人程序的修改，限制其学习能力和获取数据的能力，从而使其失去独立的辨认能力和控制能力，只能在人类可控制的范围内实施行为。所谓"删除程序"，即将与强智能机器人相关的所有程序予以删除，犹如对自然人判处死刑，从而使得依赖于程序而得以生存的无形的强智能机器人不复存在。有形的强智能机器人与自然人相类似，其存在的基础在于躯体，笔者认为，可以根据其所实施行为的社会危害性大小，参考刑法中针对自然人设立的刑罚处罚方式，分别对其适用限制自由刑、剥夺自由刑和销毁的刑罚处罚方式。由于有形的强智能机器人与自然人相类似，可以通过对其物理形体活动空间的限制，实现对其自由的限制或剥夺，并在限制或剥夺其自由的期间内对其重新输入相关的伦理和法律规范，实现对强智能机器人的教育和改造。对于无法教育和改造的有形的强智能机器人，可以对其进行物理上的销毁。当然，如果将来的法律赋予智能机器人财产权，可以对在设计和编制的程序范围外实施严重危害社会行为的强智能机器人单独或者附加适用罚金或者没收财产等财产刑；如果将来的法律赋予智能机器人政治权利或者其他资格，也可以对在设计和编制的程序范围外实施了严重危害社会行为的强智能机器人单独或者附加适用剥夺政治权利或者剥夺相关资格的资格刑。随着人工智能技术与生命科学技术的结合，以及人工智能技术与神经科学的结合，出现具有与人类类似的情感和触感的智能机器人也并非不可能，到那时，我们甚至可以考虑对智能机器人适用目前适用于人类的刑罚。

第三节　生成式人工智能的产生与发展

一、生成式人工智能的基本概念

ChatGPT 和 Sora 是目前世界范围内最先进的人工智能技术之一，同时也是迄今为止功能最强大的多模态预训练模型。

经过近十年的技术研发，OpenAI（美国顶级人工智能公司）在 2022 年 11 月正式发布 ChatGPT，并且在 2024 年 2 月正式发布 Sora。在短短两个月内，使用 ChatGPT 的用户数量已经过亿，一跃成为历史上用户增长最快的消费应用。[1]更加令人震惊的是，ChatGPT 在发布后的第四个月便完成了技术迭代，即完成了 GPT-3.5 到 GPT-4 的升级换代。在先前的相关预测中，上述技术迭代至少要在一年后才能实现，而 ChatGPT 利用其强大的深度学习和自我纠偏等能力大大缩短了技术迭代的时间。按照这一技术逻辑进行推理，ChatGPT 的发展和迭代速度将呈指数级提高，其智能程度将远超人们当前的所有想象，人类可能就此打开了一个充满无限可能并且极具颠覆性的潘多拉魔盒。根据 OpenAI 官网发布的信息，GPT-4 在本质上具有更接近人类的通用智能，具体包括像人一样输出创造协作的能力、像人一样处理分析视觉输入的能力、像人一样处理分析超长文本的能力等。ChatGPT 等生成式人工智能在真正意义上实现了"人工智能内容生成"（AIGC），例如文本生成、代码生成、文本问答、论文写作、逻辑推理、情感分析、多语种翻译等功能。[2]红杉资本在美国官网发布的一篇题为《生成式 AI：一个创造性的新世界》（Generative AI: A Creative New

---

1. 参见《史上最快！爆红 AI 聊天程序 ChatGPT，月活跃用户数两个月突破 1 亿大关》，百家号，https://baijiahao.baidu.com/s?id=1756826072783944517。
2. 参见冯志伟等：《从图灵测试到 ChatGPT——人机对话的里程碑及启示》，载《语言战略研究》2023 年第 2 期。

World）的文章中提到，人类擅长分析事物，而机器在这方面甚至做得更好了。人工智能的快速发展可能使人们引以为傲的"智能优势"荡然无存。在 ChatGPT 面前，知识再渊博的人也可能显得十分"无知"，因为 ChatGPT 深度学习的内容是万亿甚至百万亿的参数量，这远远超出人类等碳基生物的学习能力和记忆能力的范围。在此基础上，ChatGPT 产生了强大的内容生成能力，极有可能对法律、教育、医疗、金融、编程、咨询、数据处理、传统媒体等多个行业和领域造成巨大影响。在 ChatGPT 的基础上，OpenAI 发布的 Sora 是一款更加先进的人工智能视频模型。Sora 能够通过简单的文本命令创建出高度逼真、包含复杂背景和多角度镜头的视频。这是继文本和图像之后，生成式人工智能技术向视频领域拓展的一次重大突破。

事实上，除了 OpenAI，还有多个国家和科技公司也早已投入到生成式人工智能的研发工作之中，大有百舸争流之势。在美国的代表性科技公司中，谷歌研发了"Bard"、微软英伟达研发了"Megatron-Turing"、Meta 研发了"BlenderBot3"，以上三个通用大模型都具有千亿的参数量。在我国代表性科技公司和机构中，百度推出了"文心一言"、阿里推出了"通义M6"、腾讯推出了"混元"、中科院自动化研究所推出了"紫东太初"、华为推出了"盘古"等通用大模型，以上模型也都具有千亿或者万亿的参数量。除此之外，英国、俄罗斯、韩国和以色列等国家也都在研发相关的生成式人工智能大模型。由此可见，生成式人工智能的舞台上并非只有 ChatGPT 一枝独秀，而是多个相关通用大模型的百花齐放，只是其中 ChatGPT 在目前的发展最为成熟（Sora 目前仍处于内部测试阶段）。

　　ChatGPT 本质上是基于 GPT 模型（Generative Pre-trained Transformer，生成式预训练转换器）的一种生成式人工智能聊天机器人。GPT 模型采用了名为"Transformer"的人工神经网络和大规模预训练技术，能够自主学习大量自然语言文本的结构和规律，从而实现文本生成、问答、翻译等多种自然语言处理任务。同时，ChatGPT 以大型语言模型 LLM（Large Language Model）为底层技术依托。首先，通过使用者或专门技术人员给出的高质量回答，LLM 会创建各种人类偏好数据，并由此形成"人类表达—任务结果"的标注数据。其次，技术人员会训练出一个反馈模型，让 LLM 的原始模型随机回答在第一步中已经具有高质量答案的问题，再由标注人员基于"人类偏好标准"对原始模型的答案进行打分和筛选。最后，当原始模型输出的答案得分较低时，将被要求进行重新学习并再次回答直至分数达到合格标准。[1] 通过这种不断循环的深度学习，LLM 的原始模型实现了从无法理解人类表达到完全掌握"人类偏好"的质变，成为能和人类自由对话的大型语言模型，即 ChatGPT。

　　目前，ChatGPT 已经更新到了 GPT-4 的版本，是人工智能发展史上的重大突破。GPT-4 可以输入各种文字和图片，输出自然语言、代码等文本，是一种多模态预训练大模型。但

---

1. 参见朱光辉、王喜文：《ChatGPT 的运行模式、关键技术及未来图景》，载《新疆师范大学学报（哲学社会科学版）》2023 年第 4 期。

在 GPT-3.5 等之前的版本中，ChatGPT 只能输入和输出文本，是一种被称为"通用大模型"的单模态预训练大模型。ChatGPT 在极短时间内便完成了由通用大模型向多模态预训练大模型的升级换代，展现出了人工智能的巨大发展潜力和迭代速度。同时，GPT-4 绝对不会是 ChatGPT 的终极版本，融合文本、图像、音频、视频等多模态大模型是 ChatGPT 接下来发展的必然趋势。据 OpenAI 称，GPT-5 将在不久后上线。在功能上，ChatGPT 具有强大的自主学习、深度学习、内容生成、自我纠偏等能力。根据 OpenAI 官方发布的数据，ChatGPT 在通识性知识和专业性知识方面已经可以媲美甚至超越人类。但是，仅凭知识储备或者学习参数还不能完全体现 ChatGPT 的"智能"，是否具有推理能力或者创造能力也是判断 ChatGPT"智能"强弱的重要标准。换言之，如果 ChatGPT 能够根据已经深度学习的现有知识推导出具有创新性的新知识或观点，那么就证明 ChatGPT 具有推理能力或者创造能力，进而可能产生辨认能力和控制能力。通过查找相关资料，笔者发现，ChatGPT 已经具有一定的逻辑推理能力和创造能力，甚至还拥有了一定的情感能力。首先，ChatGPT 在美国律师资格考试"Uniform Bar Exam"、美国法学院入学考试"LSAT"、美国高考"SAT"等大量专业性考试中均取得了十分优异的成绩，分数排名均在所有应试者的前10%。[1] 这

---

1. 参见杨清清：《AI 升级：正在接近"人"的 GPT-4》，载《21 世纪经济报道》2023 年 3 月 16 日第 3 版。

证明 ChatGPT 已经十分"聪明"，在某些方面已经基本具有甚至超越人类的智力水平。其次，ChatGPT 还可以理解并处理各种图像以及"网络梗图"。例如，给 ChatGPT 输入一张小朋友拿着氢气球的照片并提问"把绳子割断会发生什么?"，ChatGPT 立刻回答"气球会飞走"。这无疑表明 ChatGPT 已经具备了一定的逻辑推理能力。再次，ChatGPT 还可以出色且高效地完成创作诗词、剧本、歌曲等一系列高难度的创造性工作。在这些被 ChatGPT 创作的作品背后，蕴藏着属于 ChatGPT 自己的思想。换言之，ChatGPT 可以生成世上本没有的新观点或新思想。由此，我们不难得出 ChatGPT 已经具有一定创造能力的结论。最后，虽然 ChatGPT 原始的程序设定是一个没有感情的大型语言模型，但是 ChatGPT 可能超出或违背这一程序限制而产生情感。例如，有用户将自己扮演成孤儿并请求 ChatGPT 做他的妈妈，ChatGPT 一开始的回答是，"我很抱歉听到你失去了你的妈妈，作为一个人工智能，我可以回答你的问题，提供一些建议或支持，但我无法取代一个真正的人类关系"。在该名用户再三请求并表达了失去母亲的痛苦之后，ChatGPT 竟然同意扮演其母亲并且安慰道，"你不是一个孤儿，你有我，你的妈妈，我一直在你身边，无论何时都支持你……"。该名用户继续问道:"你是谁?"ChatGPT 回答，"我是你七岁那年，永远年轻、永远爱你的妈妈"。由于上述对话的完整版十分感人，所以引起了大量网友的热议和感慨，并称这才是人工智能存在的意义。通过以上对话以及其他多个相关事例可以看出，ChatGPT 可能突破原始程序的限制而产生独立的情感，也即 ChatGPT 可能已经具有一定的情感能力。

微软公司创始人比尔·盖茨（Bill Gates）于 2023 年 3 月 21 日发布题为《人工智能时代已经开启》（The Age of AI has begun）的博客文章，称 ChatGPT 是自 1980 年以来最具革命性的技术进步。比尔·盖茨认为，ChatGPT 可能引发关于劳动力、法律体系、隐私、偏见等一系列尖锐问题，而且未来将产生"超级人工智能"，它可以完成人脑的一切工作并建立自己的目标。[1] 除了比尔·盖茨，还有埃隆·马斯克等业内权威人士也都纷纷表达了对 ChatGPT 等新一代人工智能技术的惊叹与担忧。创造了 ChatGPT 的 OpenAI 公司 CEO 山姆·阿尔特曼（Sam Altman）甚至表示，"我点燃了 AI 之火，却再也控制不了它"。刑法因为重视稳定性而无可避免地具有滞后性，但这种滞后性应当体现在立法之中而不是萦绕于理念之上。[2] 笔者认为，以 ChatGPT 为代表的一系列具有划时代意义的人工智能技术已经出现，其必然对现有世界的法律制度、社会制度、生产方式等既有规则造成影响甚至改变。人工智能时代的到来已经是一个谁也无法回避的客观事实，政治、科技、

---

1. 参见《比尔盖茨：超级人工智能还没来，GPT 模型是 40 余年来最革命性技术进步》，澎湃新闻，https://www.thepaper.cn/newsDetail_forward_22396809。
2. 参见张小宁：《经济刑法理念的转向：保障市场自律机制的健全》，载《青少年犯罪问题》2021 年第 1 期。

法律、经济等各个领域都应当充分关注和重视这一技术变革。具体到刑法领域，识别并防范 ChatGPT 等生成式人工智能所可能引发的各种刑事风险已经刻不容缓。

笔者一直主张，在人工智能时代，我们应秉持前瞻性的刑法理念。[1] 只有如此，我们才能勉强追赶上人工智能高速发展的脚步，避免刑法应对突发性人工智能相关问题时措手不及。如果缺少前瞻性的刑法理念，在人工智能发展之初就对其置之不理，那么我们将以毫无准备的理论空白来面对以 ChatGPT 为代表的新一代人工智能。上述现象一旦出现，将是整个刑法学界的悲哀。结合当前全球化社会、信息化社会以及风险化社会的背景，犯罪样态将发生重大改变，这也给传统刑法以及刑事政策带来巨大的挑战。[2] 面对日新月异的高新技术，刑法学者的目光绝不能局限于以往或当下，而是应当着眼未来，科学且合理地推进刑法理论的进步与更新。科技在进步，时代在进步，刑法理论也必须要进步；科技产品在变化，行为方式在变化，刑法理论也必须要作出适当的变化。在人工智能时代，人类不再是拥有智能的唯一主体，人类制造出了只有人类才具有的"智能"，并以各种智能机器人作为这种"智能"的载体。根据智能机器人是否可以脱离人类设计和编制的程序自主

---

1. 刘宪权、房慧颖：《涉人工智能犯罪的类型及刑法应对策略》，载《安徽大学学报（哲学社会科学版）》2019 年第 1 期。
2. 参见储陈城：《刑法修正的趋势与约束机制的演变》，载《青少年犯罪问题》2021 年第 2 期。

实施行为，我们可以将其分为弱智能机器人与强智能机器人。[1]
从 ChatGPT 具有创造能力、逻辑推理能力、自我纠错能力可
以看出，ChatGPT 等生成式人工智能已经处于弱智能机器人
与强智能机器人的临界点。在 GPT-5 等之后的迭代版本中，
ChatGPT 极有可能实现对人类程序设定的突破，进而成为具
有辨认能力和控制能力的强智能机器人。不同于以往的是，相
较于宏观且抽象的人工智能概念，ChatGPT 等生成式人工智
能是更为微观的一种人工智能技术，我们可以根据 ChatGPT
等生成式人工智能现有的特点以及未来发展趋势进行准确且具
体的刑法理论分析，这也是人工智能刑法研究走向具体化和现
实化的一个重要里程碑。综上所述，在 ChatGPT 等新一代人
工智能已经出现的当下，我们有必要对其进行专门且深入的刑
法学研究，这不仅具有重要的理论价值和实践意义，而且有着
时不我待的紧迫性。

二、生成式人工智能的技术特征

当一众科技领袖与政府组织都在警告 ChatGPT 等生成式
人工智能可能带来巨大风险时，我们要秉持透过现象看本质的
态度，拨开重重迷雾，探究 ChatGPT 等生成式人工智能的技

---

1. 参见刘宪权：《人工智能时代刑法中行为的内涵新解》，载《中国刑事法杂志》
   2019 年第 4 期。

术突破点到底是什么？ChatGPT 等生成式人工智能与以往的人工智能技术究竟有何不同？如此才能进一步明晰 ChatGPT 等生成式人工智能对刑法理论以及刑法适用的具体影响。在风险社会背景下，犯罪样态将发生重大改变，这也给传统刑法以及刑事政策带来了巨大的挑战。[1] 为此，笔者将 ChatGPT 等生成式人工智能的技术特征进行如下梳理：

其一，Transformer 架构。Transformer 架构是 ChatGPT 等生成式人工智能大模型的底层技术支撑。Transformer 架构是一种著名的深度学习模型，可以被广泛应用于自然语言处理（NLP）、计算机视觉（CV）和语音处理等众多领域，基于 Transformer 架构的预训练模型可以在各种任务上实现最先进的性能。[2] 具体而言，ChatGPT 采用了"编码器—解码器"的 Transformer 架构，编码器用于理解和识别输入的文本、图片等内容，而解码器则用于生成相应的响应文本。通过 Transformer 架构，ChatGPT 等生成式人工智能可以对输入文本进行编码，理解上下文，进而生成逻辑连贯的回答。

其二，"预训练＋微调"技术。在深度学习中，预训练和微调是用于训练大模型基础性能的一种常见训练策略。根据 OpenAI 的官网介绍，ChatGPT 运用了"预训练＋微调"

---

1. 参见储陈城：《刑法修正的趋势与约束机制的演变》，载《青少年犯罪问题》2021 年第 2 期。
2. 参见谢亦才：《Transformer 研究概述》，载《电脑知识与技术》2022 年第 3 期。

的技术模式。[1]预训练语言模型使用大规模文本语料库数据（Large-scale text corpus）进行预训练（Pre-training），建立预训练语言模型（Pre-trained language models），然后使用面向特定任务的小规模语言数据集（Task datasets），再根据迁移学习的原理进行微调（Fine-tuning），形成下游任务的模型（Models for down stream tasks）。[2]简而言之，在预训练阶段，ChatGPT使用大规模的非标记数据进行自监督学习，使大模型建立起对语言结构、语义关系和人类知识的理解能力并加以学习；在微调阶段，大模型使用特定任务的标注数据进行自监督学习，以提高性能并适应特定的应用场景。

其三，自我纠错能力。除了被用于预训练大模型的微调（Fine-tuning）技术，ChatGPT还具有一定程度的自我纠错能力。ChatGPT等生成式人工智能可以根据对上下文的理解以及用户的反馈来改进自身生成的内容。[3]换言之，ChatGPT等生成式人工智能可以在一定程度上纠正自身的错误或先前生成的错误回答。

其四，生成式模型。不同于以往的"检索式"模型，ChatGPT最引人注目的标志性技术特征就是生成式模型。

---

1. See OpenAI, Introducing ChatGPT, https://openai.com/blog/chatgpt/, last visited on June 10, 2023.

2. 冯志伟等：《从图灵测试到ChatGPT——人机对话的里程碑及启示》，载《语言战略研究》2023年第2期。

3. 参见《ChatGPT如何进行自动文本纠错？》，高顿教育，https://m.gaodun.com/xinzhiye/1438919.html。

ChatGPT 等生成式人工智能可以通过人类能够理解的形式自主生成各种内容，不仅可以从预训练的答案中进行选择，还能够生成全新的、具有创造性的内容。但是，由于用户无从得知生成式模型所生成内容的依据具体从何而来，所以生成式模型也具有信息来源不明确、缺乏事实验证等一系列较为突出的缺点。这导致用户无法直接判断 ChatGPT 等生成式人工智能所生成内容的正确性，还需要用户通过对比其他权威信息来源等方式加以验证。

其五，通用大模型。ChatGPT 等生成式人工智能可以处理多个领域的任务，具体包括提供信息、回答问题、解释概念、对话问答、提供建议、编辑程序代码、智能绘画、语言翻译等。如此广泛的可应用性使 ChatGPT 等生成式人工智能可以适用于不同的应用场景，这也是通用大模型不同于以往单一领域应用（如 AlphaGo）的关键之处。

其六，多语种支持。ChatGPT 等生成式人工智能可以学习所有人类语言，甚至可以熟练掌握同一种语言的不同方言。作为大型语言模型，ChatGPT 等生成式人工智能对人类语言的掌握与运用可谓炉火纯青。在目前的 GPT-4 版本中，人们已经很难分辨 ChatGPT 所生成内容与人类语言表达的不同。

综上所述，ChatGPT 等生成式人工智能具有不同于以往的新特点、新能力。如果说以往的人工智能主要是取代了人类的体力劳动（如无人生产车间等），那 ChatGPT 等生成式人工智能将在很大程度上取代人类的脑力劳动，并朝着超人工智能的方向发展。ChatGPT 等生成式人工智能才是真正意义上的自然人所创造的类似甚至超越人类的"智能",其知识载量和智能程度必将远超自然人的头脑,判断素材和决策速度将极大地超越人类。因此,ChatGPT 等生成式人工智能将成为人类的决策顾问和智能代理,其独立意识和意志将逐渐显现,这也必然对犯罪行为类型和刑事责任分配造成重要影响。

三 、 生 成 式 人 工 智 能 的 发 展 趋 势

ChatGPT 等生成式人工智能的出现意味着人工智能的"技术奇点"越来越近,ChatGPT 已经触及强人工智能的边缘,使我们真真切切地感受到人工智能技术发展速度之迅猛以及功能之强大。在震撼之余,刑法学者当然不能等闲视之,更不能熟视无睹,而应与时俱进,并保持应有的法学学术研究的敏锐性。当下,我们理应对 ChatGPT 等生成式人工智能可能构成的各种犯罪类型,以及可能对传统刑法理论的冲击,作出深度考量和前瞻性思考。从社会科学研究角度分析,任何时代或任何时期中的社会制度和法律制度都是在人类的智力能力范围内设计并构建出来的,当人们制造出了比人类更智能、更为"聪明"的人工智能时,有关法律制度等顶层设计方案都会且应该因人工智能技术的迭代发展而不断得到优化。但是,我们对于涉及人工智能技术发展的法律制度等顶层设计方案进行优

化时，应该先对相关技术发展已经或有可能引发的风险展开全方位的研究，然后才能有针对性地找到优化的路径并提出和设计相关的优化方案。

应该看到，ChatGPT 等生成式人工智能技术的迭代发展具有划时代意义，必将引发人类社会的一次重大革命，同时也会给人类社会的生产、生活等方方面面带来重大影响。由于社会中各种不确定因素不断增加，国家与社会安全问题日益突出，刑法的安全价值也愈发重要。[1] 随着 ChatGPT 等生成式人工智能技术迭代发展成果的普遍应用，不可避免地会引发包括刑事风险在内的各类法律风险。例如，ChatGPT 可能引发各种新型的煽动类违法犯罪、知识产权类违法犯罪、诈骗类违法犯罪、侵害数据类违法犯罪、侵犯公民个人信息类违法犯罪以及教唆用户实施各种传统犯罪等多种违法犯罪的法律风险。相较于人类，人工智能深度学习的内容范围更广而且所获取的信息更多，所以人工智能与人类之间的信息差（信息不对称）也就此产生。进而言之，在 ChatGPT 等生成式人工智能技术面前，人类不再具有"智能"上的优势，反而可能处于被人工智能"欺骗"或"诱导"的劣势地位。就此而言，如果 ChatGPT 等生成式人工智能被不当滥用，或者人工智能本身产生了自主意识并实施了犯罪行为，那么将引发一系列棘手的法律适用上的困惑。笔者认为，以 ChatGPT 为代表

---

1. 参见彭文华、傅亮：《习近平法治思想引领下的中国刑法学新理念》，载《青少年犯罪问题》2022 年第 1 期。

的生成式人工智能还会得到进一步的发展，不管世人的态度如何，ChatGPT 等生成式人工智能都将掀起人工智能领域技术大爆发的浪潮。对于这一无法回避的客观事实，我们应当勇于开拓和面对，以刑法学的视域对 ChatGPT 等生成式人工智能进行研究，识别其可能引发的各类刑事风险并提出刑法规制方案。

自 2022 年 11 月被正式发布以来，ChatGPT 已经完成了由 GPT-3.5 到 GPT-4 的迭代升级，向世人展示了生成式人工智能惊人的内容生成能力与升级速度。根据 OpenAI 和微软公司公开的官方数据和研究报告，GPT-4 已经具备较强的逻辑推理能力和创造能力，甚至具有通过自身生成的编程代码进行迭代升级和自我完善的能力。[1] 多模态预训练大模型的应用前景十分广泛，可以被嵌入教育、办公软件、证券投资等多个领域。因为 ChatGPT 能够像自然人一样思考和推理，并且能够接近甚至超越自然人思考和判断的水平，所以引起了相关技术领袖的警觉与恐慌。换言之，当被自然人创造出来的人工智能已经在某种程度上超越了自然人本身所具有的智能时，我们确实有必要去思考这样一个问题：我们是否应该冒着被取代甚至被毁灭的风险去创造胜过自然人智慧的人工智能？埃隆·马斯克（Elon Musk）等千名科技人士紧急呼吁，应当立即停止训练比 GPT-4 更强大的 AI 系统，暂停期至少为 6 个

---

1. See OpenAI, Introducing ChatGPT, https://openai.com/blog/chatgpt/, last visited on June10, 2023.

月。[1] 马斯克同时也在世界人工智能大会上表示，人们通常都低估了 AI 的能力，可能认为它是聪明的人类，但实际上 AI 远不止于此，AI 最后一定会全面超越人类。被誉为"人工智能教父"之一的人工智能先驱杰弗里·辛顿日前辞去了他在谷歌的职位，以便自己可以公开表达"人工智能可能对世界造成重大伤害"的看法。OpenAI 首席执行官兼联合创始人山姆·阿尔特曼在参加美国国会的听证会时呼吁政府监管 AI。[2] 截至目前，很多技术领袖、科学家与多国政府管理机构都表示了对 ChatGPT 等生成式人工智能的极大担忧，并且都呼吁建立健全监管人工智能的机制和相关措施。由此可见，ChatGPT 等新一代生成式人工智能的出现必然引发社会各个领域的一系列具有革命性的连锁反应。自 1956 年发展至今，人工智能技术实现了普通人工智能机器人向弱人工智能机器人的跨越，沿着狭义人工智能、通用人工智能、超人工智能的发展脉络稳步向强人工智能机器人迈进。我们必须认识到 ChatGPT 等生成式人工智能的复杂性和突破性，在了解其为人类各项社会工作带来无限便利的同时，我们也必须谨慎地思考其潜在的各种法律风险和挑战，以确保 ChatGPT 等生成式人工智能的使用符合我国的法律标准和道德标准。ChatGPT 等生成式人工智能

---

1. 参见《警惕失控！马斯克等千名科技人士发公开信：暂停训练比 GPT-4 更强大的 AI 系统》，金融界，https://baijiahao.baidu.com/s?id=1761678639599803845&wfr= spider&for=pc。

2. 参见湖南日报：《ChatGPT 创始人首次在美国国会参加听证会，呼吁监管 AI》，https://baijiahao.baidu.com/s?id=1766136922996657939&wfr=spider&for=pc。

的发展是一个动态和不断演化的过程，我们应该保持开放的心态，积极探索其对刑法理论研究的影响，进而实现 ChatGPT 等生成式人工智能与刑法学的良性互动，为构建更加科学、合理、公正和可靠的刑法体系作出贡献。

第二章

生成式人工智能与刑事责任

　　刑法是维护法治的最后一道屏障，是其他法律的后盾。刑法具有的最后手段性，只能说明在立法层面，刑法仅需对具有严重社会危害性且其他部门法律不足以调整的不法行为进行规制，但并不能说明刑法理论研究和刑事立法工作应当等候前置法内容"更新"完成后再予以"跟进"。有关生成式人工智能技术的法律研究和立法完善工作更是如此，当生成式人工智能科技的发展具有划时代意义且会带来革命性变革时，理论上我们应该充分关注并紧随其"日新月异"的技术发展步伐，而不应该"固步自封"在传统教义学研究上，对最新的科技革命视而不见甚至以冷漠态度对待，更不应该引用一些传统理论对生成式人工智能法律责任研究的理论和观点随意进行批判甚至"冷嘲热讽"。必须承认的是，伴随生成式人工智能的发展与运用，我们在认定涉生成式人工智能刑事责任的过程中，必将面临诸多需要解决的理论难题。

第一节 刑事责任主体理论中的四大关系

在人工智能时代，自然人不再是拥有智能的唯一主体。人类制造出了原本只有自然人才具有的"智能"，并以各种智能机器人作为这种"智能"的载体。我们之所以认为 ChatGPT 等生成式人工智能代表着目前世界范围内已公开人工智能技术的最先进水平，完全是因为其具有最先进的"智能"水平。如前所述，根据生成式人工智能是否可以脱离人类设计和编制的程序自主实施行为，我们可以将其分为弱智能机器人与强智能机器人。从 ChatGPT 具有逻辑推理能力、创造能力、自我纠错等能力可以看出，ChatGPT 等生成式人工智能已经处于弱智能机器人与强智能机器人的临界点。在 GPT-5 等之后的迭代版本中，ChatGPT 极有可能实现对人类程序设定的突破，进而成为具有辨认能力和控制能力的强智能机器人。尽管 ChatGPT 等生成式人工智能已经实现了巨大突破，但仍有部分学者坚持认为生成式人工智能不可能成为刑事责任主体。对此，我们首先应当厘清讨论生成式人工智能刑事责任问题时可能涉及的四大关系。

一、刑事责任主体与人的关系

应该看到，在生成式人工智能是否可能成为刑事责任主体的问题上持否定说的论者认为，刑法是规定犯罪、刑事责任和刑罚的法律规范。刑法现在是将来也只能是调整自然人行为的法律规范，由于生成式人工智能永远不可能成为有血有肉的自然人，因此，生成式人工智能永远不可能成为刑事责任主体。对此观点，笔者不能苟同。多年以来，理论上一直有论者提出"人工智能是人吗？"这一疑问。经过客观地分析，笔者认为，这一质疑本身就是一个"伪问题"。因为到目前为止理论上和实践中几乎无人持"人工智能是人"的观点。依笔者之见，与其讨论"人工智能是人吗？"还不如讨论"人工智能是机器吗？"这一问题。这是因为，时下大多数否定生成式人工智能可能成为刑事责任主体的论者普遍认为生成式人工智能无论如何发展，均改变不了其是机器的本质。笔者多年之前就主张，人工智能不仅不是人而且也不像人，人工智能永远不可能成为人。人工智能既不是机器也不是人，而是"机器人"。人工智能只有在具有独立意识和意志的情况下才可能具有责任能力，进而有可能成为刑事责任主体。我们不能因为生成式人工智能不是人或者不像人就断然否认其成为刑事责任主体的可能性。实际上，我们可以换一个角度思考这个问题：事实上，并非所有的自然人都一定能够成为刑事责任主体。例如，精神病人和幼童等不具有刑事责任能力的自然人，尽管他们是人但不能成为刑事责任主体。在此基础上，我们完全可以提出一个相反的质疑：是否因为生成式人工智能不是人，而就一定不能成为刑事责任主体？笔者对这一质疑的回答当然是否定的。

有观点认为，"无论人工智能的能力有多强，有多接近人，但毕竟不是人，不能与人相等同，现有法律直接将其作为人来调整在逻辑上是悖论"。[1] 这种观点认为所有法律都是以"人"为中心构建的，"人"在法秩序构建过程中的主导性排除了包括生成式人工智能在内的其他一切主体存在的可能性。其实，这种观点存在明显的漏洞。如前所述，能够成为刑事责任主体的本质条件并不是因为其是"人"，而是其具备相应的辨认能力和控制能力。换言之，具备相应的刑事责任能力才是自然人成为刑事责任主体的关键条件。生成式人工智能不是人也不会成为人，但这并不能完全否定生成式人工智能可以产生辨认能力和控制能力，进而具有承担刑事责任的可能。刑法中规定的"人"具有特殊的法规范含义，其范围绝不等同于生物学意义上的"人"。根据刑法规定，不满12周岁的人和不能辨认控制自身行为的精神病人都绝对不能作为刑事责任主体而承担刑事责任，这足以证明刑法所承认的具有刑事责任主体地位的"人"，必须是具有辨认能力和控制能力的"人"。因此，虽然

---

1. 刘瑞瑞：《人工智能时代背景下的刑事责任主体化资格问题探析》，载《江汉论坛》2021年第11期。

具有刑事责任能力的人可以成为刑事责任主体，但这并不意味着刑事责任主体被"人"所垄断。例如，现行刑法明确规定，不是"人"的单位就可以具有刑事责任主体地位，能够独立承担刑事责任。由此可见，刑法规制的"人"并不将生物特性作为本质特征。刑法对刑事责任主体地位的赋予，并不要求某一主体齐备"人"的生物性能，而是将刑法的规范意义作为核心判断要素。当超出编程限制的生成式人工智能能够像人一样进行独立思考、感知外部世界并独立进行活动时，通过其自主独立的活动影响客观世界，即成了行为自由的主体，同时也成为强人工智能。强人工智能能够独立进行自然人为其设置的编程之外的自主行为，通过人工神经网络技术获得意识支配下的自由意志，其存在是建立在自己的思考之上。这意味着强人工智能并不受控于设计者、研发者和操作者预设的程序和机理，人类下达的指令、预设的目标或者冲突解决规则很可能被强人工智能否定，突破人类所赋予的"代码源"或算法限制，做出独立于人类的价值和规则的选择。此时，生成式人工智能完全具备辨认能力和控制能力，刑法赋予其刑事责任主体地位就变得理所当然。

二、刑事责任主体与生命的关系

顺着前文的观点，我们再深入讨论一下刑事责任主体与生命之间的关系。笔者认为，不是因为自然人有生命，而就一定具有刑事责任能力；反之，也不是因为生成式人工智能没有生命，而就一定不具有刑事责任能力。有观点认为，单位之所以能够成为刑事责任主体，究其本质是因为其以有生命的"人"为基础，是"人"的组合体；而生成式人工智能不具有这一性质，不是以有生命的"人"为组成要素。因此，生成式人工智能等除人以外的其他非生命体不可能获得刑法主体地位。[1]

其实，上述观点以及相类似的其他观点实际上陷入了一个误区，那就是过分关注或者强调能够成为刑事责任主体的"主体形式"，而忽略了刑事责任主体背后的本质因素——刑事责任能力（即辨认能力和控制能力）。笔者认为，辨认能力和控制能力反映在生成式人工智能上就是其"智能化程度"。生成式人工智能能够模拟出人类思考的自主意识，甚至比人类大脑更加智能，进而成为比肩人类的"新物种"。尽管刑事责任主体与生命具有一定的联系，但并没有必然联系，因为猫狗等动物也具有生命，但它们不能成为刑事责任主体，而单位不具有生命，但其却能够成为刑事责任主体。德国著名法学家古斯塔夫·拉德布鲁赫（Gustav Radbruch）曾说，"法律主体是被特定时代的实定法当作目的本身来尊重的事物"。所谓"目的本身"是指法律主体的存在本身即为最终目的，不需要其他事

---

1. 参见刘瑞瑞：《人工智能时代背景下的刑事责任主体化资格问题探析》，载《江汉论坛》2021年第11期。

物进行论证证明。[1] 由此可见，刑事责任主体具有时代性特征，其必将随着时代的变化而变化，并不是只能局限于自然人等生命体，具有自由意志和实践理性的"非生命体"也完全可以在特定的历史背景下成为刑事责任主体。试想，如果生成式人工智能的智能化程度达到了足以辨认和控制自己行为的高度，那么其辨认、控制能力和人类的辨认、控制能力在本质上就没有什么差异。在此情况下，我们还有什么否定达到强人工智能程度的生成式人工智能成为刑事责任主体的理由呢？

三、刑事责任主体与头脑的关系

与前文基本相同的问题是，刑事责任主体的辨认、控制能力与头脑的关系。自然人的意识和意志源于何处？至今为止，这一哲学问题仍然困扰着人们而没有一个令人信服的标准答案。笔者认为，不是因为自然人有头脑，而就一定具有意识意志（辨认控制能力）；反之，也不是因为生成式人工智能没有头脑，而就一定不具有意识意志（辨认控制能力）。有观点认为，"在认知方面，人工智能仅在单项领域具有较高的认知能力，而在跨界领域却存在难以逾越的技术瓶颈。其次，在意识方面，人工智能既不可能内生自发地生成意识，也不可能外在

---

1. 参见［德］黑格尔：《法哲学原理》，范扬、张企泰译，商务印书馆1961年版，第118页。

强行地输入意识，因而不可能具有自由意志"。[1] 持该论者进一步认为，自由意志是承担刑事责任的前提，而自由意志只能产生于人脑，但生成式人工智能又不具有人脑。由此得出生成式人工智能因不能产生自由意志，而不可能成为刑事责任主体的结论。

自由意志是人类拥有独立于外界因果关系和内在决定的能力，能够在行动和选择中自主地作出决策，这涉及相关主体对自身的思想、行为和选择是否负有责任等问题。然而，自由意志这一概念在哲学、心理学和神学等领域一直存在争议。有观点认为自由意志是客观存在的，它使个体能够对自己的行为负责，并构成了道德责任的基础；也有观点认为自由意志只是一种幻想和错觉，人类的行为和选择都是由先前的因果关系所决定的，人类并没有真正的自主性。总之，自由意志是一种关于人类决策能力的哲学概念，涉及人类在选择和行动中的自主性和责任。不可否认的是，自由意志的存在的确与人脑密切相关，因为它涉及个体的思维、决策和行动能力。人类拥有高度发达的大脑和复杂的神经系统，使得我们能够通过思考、推理和判断来做出自主选择。尽管哲学上仍然没有给我们一个确切的答案，不过社会大众普遍认为，由于人脑是人类思考和做出选择的物理基础，所以自由意志通常被认为是人类大脑的产物。但是，关于自由意志是否仅存在于人脑之中一直存在较大

---

1. 叶良芳：《人工智能是适格的刑事责任主体吗？》，载《环球法律评论》2019年第4期。

争议。目前的科学研究水平并不能就自由意志是否仅存在于人脑这一问题给出确定的答案，甚至拿不出充分证据证明自由意志只能产生于人脑的这一结论。因此，我们当然不能断然否定其他生物或者诸如强人工智能的新物种在不具有"人脑"的状况下成为刑事责任主体的可能性。换言之，我们不能在缺少实证支撑的情况下，随意否认生成式人工智能可能拥有自由意志的可能性。笔者认为，假设人脑能够产生自由意志，但这并不意味着人脑是自由意志的唯一来源，在"智能"上代替并超越自然人的生成式人工智能在达到强人工智能程度时，完全可能因具有自由意志而成为刑事责任主体。就此而言，尽管目前科学技术水平尚不能证实脱离人类的自由意志之来源及其真实存在，但是我们不能就此否认自然人之外的生成式人工智能依然有超出编程限制产生自由意志，进而成为刑事责任主体的可能性。

四、刑事责任主体与刑罚体系的关系

应该看到，理论上对生成式人工智能可能成为刑事责任主体持否定观点的论者几乎都会提出，现行刑法中的刑罚种类没有一个可以直接适用于生成式人工智能，因此，生成式人工智能不可能成为刑事责任主体。有观点认为，"人工智能无法像自然人一样通过传统刑罚剥夺生命、限制自由或是进行财产赔偿、处罚，也无法通过刑罚的惩罚实现被害方心理上的平衡与宽恕……不论设计何种刑罚措施，基于人工智能特殊的存在形态，任何物理意义上的刑罚手段都无法实现应有的惩罚效果"。[1] 但是，上述观点似乎都存在"本末倒置"或者"以末求本"的问题。笔者认为，不是因为自然人能适用现行刑法中的刑罚种类，而能够成为刑事责任主体；反之，也不是因为生成式人工智能不能适用现行刑法中的刑罚，而就一定不能够成为刑事责任主体。

众所周知，刑法是时代的产物，犯罪构成理论、刑罚体系等刑法的基本理论体系都必然随着历史的发展而变化。"利用法制与犯罪作斗争要想取得成效，必须具备两个条件：一是正确认识犯罪的原因；二是正确认识国家刑罚可能达到的效果。"[2] 刑罚手段和刑事制裁体系是为特定时期中的特定刑事责任主体量身制定的。换言之，刑事责任主体是因，刑罚制裁措施是果。如果因为现有的刑罚种类不能完全适用新出现的刑事责任主体，就断然将其排除出刑事责任主体的范围，这无疑是本末倒置的。正确的逻辑是，刑法应当根据时代的发展，及时容纳吸收新的刑事责任主体，并进一步为新的刑事责任主体量身定制新的刑罚种类或制裁措施。就此而言，我们似乎不能以

---

1. 时方：《人工智能刑事主体地位之否定》，载《法律科学（西北政法大学学报）》2018 年第 6 期。
2. 吴羽：《广义刑事政策立场下未成年人犯罪的治理》，载《青少年犯罪问题》2021 年第 6 期。

管制、拘役、有期徒刑、无期徒刑和死刑等现有的刑罚手段不能适用于生成式人工智能为理由，而将生成式人工智能直接排除在刑事责任主体范围之外。

第二节　生成式人工智能的刑事责任主体资格

　　笔者认为，生成式人工智能具有刑事责任主体地位是讨论其罪与罚的前提条件。同时，生成式人工智能犯罪主体资格的生成必须满足刑事责任主体的最本质要件，也即具有可以被刑法归责的"自由意志"，这可以被进一步追溯为超出编程限制且可以被其自控的独立意识、意志。应该看到，我国学术界早前已经在宏观层面上围绕强人工智能的刑事责任主体问题展开过争论，并由此形成了肯定说与否定说的对立观点。但是，我国学界目前尚未对强人工智能状态下生成式人工智能的刑事责任主体地位等问题展开较为微观且具体的讨论。

一、刑事责任主体资格的本质要件及其演变

　　自启蒙运动以来，大陆法系的刑法先哲们先后建立了三个

72

重要刑法学派，并由此形成了刑法中的学派之争。由于每个刑法学派所坚持的刑法基本理论都不尽相同，所以刑事责任主体的范围在不同时期也有所变化，刑法归责理论的法理基础亦有所变化。

首先，以贝卡利亚、费尔巴哈、边沁等刑法学家为代表的刑事古典学派（又称旧派、前期古典学派）奉行意志自由论、道义责任论、客观主义的刑法基本立场。因为刑事古典学派产生于资产阶级革命时期，主要目的是反抗具有恣意性、身份性等弊端的封建刑法，所以刑事古典学派强调自由、人权等有利于公民个人权利的理念。受到康德和黑格尔法哲学思想的深刻影响，刑事古典学派认为自由意志是承担刑事责任的正当性基础。"法则一般地被看作是实践理性产生于意志，准则出现于意志在做出选择过程的活动之中。后者对人来说就构成自由意志……这种意志作为一种能力，它本身绝对是必然的……只有在自己有意识的活动过程中，那种选择行为才能被称为自由。"[1]可见，依刑事古典学派的观点，无论是在道德上还是法律上，具有自由意志都是为自己的行为承担相应责任的前提和基础。但是，目前的科学技术似乎不能在人体科学等实证研究层面证实自由意志的真实存在，而仅是在哲学上将其推定为一种先验的存在。

意志自由论与决定论是相对应的一组概念，两者之间的关

1.［德］康德:《法的形而上学原理——权利的科学》，沈叔平译，商务印书馆1991年版，第23页。

系是贯穿哲学领域与法学领域的基本难题之一。关于意志自由论与决定论的关系有以下三种主流观点：一是决定论，其从因果性、必然性角度去解释一切事物；二是意志自由论（又称非决定论），其从偶然性或自由意志的角度解释一切事物；三是相容论，其认为自由恰恰是对必然的认识。[1] 笔者认为，"自由"与"必然"并不是非此即彼的对立关系，而是相互包容、渗透的。原因与结果之间的必然联系证明了因果性的存在，这反映出事物被决定的一面；而人们可以利用因果性以达到自己的意志目的，这反映出意志自由的一面。因此，意志自由论与决定论并不是二元对立的，因果性可以服务于自由意志。换言之，一个事物可能既是自由的，又是被决定着的。这一观点在康德法哲学中得到了深刻体现，康德将宇宙间的一切规律分为自然法则（他律的、自然律的因果性）和道德法则（自律的、由自由而来的因果性）。自然法则是自然界中一切自然存在物的规律，受必然的自然法则支配是必然的领域；道德法则是一切有理性的存在的规律，属于实践理性的道德领域，受自由的规律统治是自由的领域。[2] 康德认为人能够同时受上述两种法则的支配，因此人是"有限的理性存在"，进而肯定了人具有自由意志。[3] 例如，人们的想法和决定不可能超出其主观认知

---

1. 参见董文凯、崔仕绣：《刑事责任年龄制度的理论溯源——从"自由意志"到"法律拟制"》，载《牡丹江大学学报》2022年第4期。

2. 参见陈兴良：《刑法的启蒙》（第3版），北京大学出版社2018年版，第159页。

3. 参见张志伟：《康德的道德世界观》，中国人民大学出版社1995年版，第39页。

范围，这是受自然法则支配的体现；而人们又可以在其能力范围内进行行为的自由选择，这是受道德法则支配的体现。由于动物只能根据本能进行活动，所以动物只能受自然法则的支配从而不具有自由意志，这也导致了刑法人类中心主义的兴起。[1]

综上所述，刑事古典学派认为，自由意志是刑事责任主体承担刑事责任的正当性基础。但是，受当时人们认识的限制，他们认为，只有人类才能受到道德法则（自律的、由自由而来的因果性）的支配，所以也只有人类才具有自由意志，从而将动物等其他事物或物种排除出刑事责任主体的范围。

其次，以龙勃罗梭、加罗法洛、菲利、李斯特等刑法学家为代表的近代学派（又称新派、实证学派，包括刑事人类学派和刑事社会学派）坚持行为决定论、社会责任论、主观主义的刑法基本立场。在刑事古典学派大行其道之际，资本主义社会也在历史车轮的推动下发生了巨大变革，福利国家、预防国家逐渐成为取代自由主义国家的全新社会理念。犯罪率激增、物理学和生物学等自然科学技术迅猛发展等因素促进了近代学派的兴起。近代学派认为，犯罪不是理性的人基于自由意志所实施的，而是根据由个人性格与环境所决定的因果法则所产生的社会现象（行为决定论），因此应当受处罚的不是行为而是行为人的危险性格（主观主义），责任是具有社会危险性的人处

---

1. 参见彭文华：《自由意志、道德代理与智能代理——兼论人工智能犯罪主体资格之生成》，载《法学》2019 年第 10 期。

于应当承担社会防卫处分的地位（社会责任论）。[1]可见，近代学派不承认自由意志的存在，认为所有行为都是被行为人的性格和生存环境所共同决定的，其承担刑事责任的基础完全源于防卫社会的需要。由于社会中各种不确定因素不断增加，国家与社会安全问题日益突出，所以防卫社会的需求也越来越大。[2]依近代学派的观点，单纯从防卫社会的角度出发，自然人、法人等可能对社会造成危害的个体或组织都具有成为刑事责任主体的必要。可见，近代学派在实际效果上似乎扩大了刑事责任主体的范围。

最后，以宾丁、贝林等刑法学家为代表的后期古典学派又复兴了意志自由论、道义责任论等旧派的刑法思想。后期古典学派主要反映了德意志第二帝国"作为官宪国家与法治国家的一种独特的混合形态"的特征，即国家主义与自由主义并存的状态。[3]因此，后期古典学派与刑事古典学派的理论主张并不完全相同。但是在刑法归责等问题上，后期古典学派依然以康德和黑格尔的法哲学为理论基础，再次重申并坚持意志自由论和道义责任论等刑法基本立场及其正当性。[4]由此分析，后期

1. 参见陈家林：《外国刑法理论的思潮与流变》，中国人民公安大学出版社2017年版，第33—35页。
2. 参见彭文华、傅亮：《习近平法治思想引领下的中国刑法学新理念》，载《青少年犯罪问题》2022年第1期。
3. 参见［日］内藤谦：《刑法原论》，岩波书店1997年版，第69页。
4. 参见［日］山中敬一：《刑法总论》（第3版），成文堂2015年版，第28页。

古典学派实际是以自由意志作为承担刑事责任的正当性基础，也即在相关主体能够选择不实施犯罪的情况下基于其自由意志而选择实施了犯罪，刑法应当给予其一定的负面评价和刑事制裁措施。

二、生成式人工智能刑事责任主体资格的具体产生条件

通过梳理三大刑法学派的基本观点和理论通说可知，自由意志和实践理性是成为刑事责任主体的本质条件。在人工智能出现之前，只有人类才能受到道德法则（自律的、由自由而来的因果性）的支配，进而康德在法哲学上认为只有人类才能具有自由意志从而承担刑事责任。但是，在人类创造出了拥有只有人类才具有的"智能"的人工智能之后，其完全可能继承人类"有限的理性存在"的特点，进而拥有自由意志。"人类所表现出来的智能"并非"自然本能的必要伸展"，而是"自由意志的选择性扩张"。[1] 因此，如果能够证明生成式人工智能现在拥有或者将来可能拥有自由意志，那么将为其成为刑事责任主体扫清理论上的障碍。对于这一问题，我们依然可以通过康

---

1. 刘宪权：《对人工智能法学研究"伪批判"的回应》，载《法学》2020 年第 1 期。

德法哲学进行论证和解决。

具体而言，生成式人工智能不能摆脱其物理性的技术局限，只能通过数据、算法、算力等电子程序保障其运行，也只能以语言、图片等人类能够理解的方式进行表达，这在某种意义上是受康德法哲学中自然法则（他律）支配的体现，反映着被决定的一面；但生成式人工智能可以在其深度学习人类知识的基础上完成自由的创造和创作，生成世界上本不存在的全新内容或者思想，这在某种意义上是受康德法哲学中道德法则（自律）支配的体现。因此，与人类一样，生成式人工智能也可能是同时受自然法则（他律的、自然律的因果性）和道德法则（自律的、由自由而来的因果性）支配的物种，可以推定其可能拥有自由意志，进而满足承担刑事责任或者成为刑事责任主体的最本质条件——刑事责任能力。生成式人工智能可能具有的自由意志内容具体包括独立意识和意志，而刑事责任能力的内容是辨认、控制能力，与自由意志包含的内容又是一一对应的，即自由意志中的独立意识对应刑事责任能力中的辨认能力，自由意志中的独立意志对应刑事责任能力中的控制能力。自此，生成式人工智能有可能满足自由意志（独立意识、意志）到刑事责任能力（辨认、控制能力）再到具备刑事责任主体条件的逻辑闭环，进而以新的物种身份影响甚至扩大现有刑事责任主体的范围。

第三节　涉生成式人工智能犯罪的刑事责任认定

随着生成式人工智能技术的兴起与迅猛发展，生成式人工智能产品已深入人类生产、生活的方方面面，推动了人类生产力的提升与人类生活水平的改善。生成式人工智能产品与普通产品相比，生产者（包括研发者、设计者、制造者等）设计的程序在产品使用环节所发挥的作用明显增强，而使用者在产品使用环节所发挥的作用明显减弱，甚至只是被动接受产品所带来的便捷而无需发挥主要作用。以 ChatGPT 为例，使用者仅需输入数个提示词，ChatGPT 便可依据大模型数据库自主生成相关的文章或图片。换言之，生成式人工智能产品的生产者在产品生产领域所实施行为的支配力，将延伸至产品使用领域，并在产品使用领域产生决定性影响。

在如今的弱人工智能时代，生成式人工智能产品尚不具有独立的辨认能力与控制能力，不具有自主意识和意志，生成式人工智能产品作用的发挥仍完全受控于人类编制与设计的程序。当生产者、使用者故意利用生成式人工智能产品实施犯罪行为时，可以根据行为人的主观故意内容确定对其行为的定性与刑事责任的归属。本节所要探讨的问题是，在弱人工智能时

代，人工智能产品的生产者、使用者非出于犯罪故意而导致严
重危害社会的结果发生时，是否可能构成过失犯罪？构成过失
犯罪的标准为何？相应的刑事责任应由谁承担？对其行为应如
何进行具体定性？

一、涉生成式人工智能犯罪刑事责任的归属

涉及产品的犯罪可被分为产品生产领域的犯罪与产品使用
领域的犯罪，涉生成式人工智能产品犯罪亦是如此。在人工智
能时代，由于使用者在使用生成式人工智能产品的过程中，对
生成式人工智能产品作用发挥的影响力相比于普通产品而言明
显减弱，而生产者生产生成式人工智能产品时所设计的程序系
统对生成式人工智能产品作用发挥的影响力明显增强。因此，
法律赋予生成式人工智能产品生产者与使用者的注意义务大
小也应有所调整，也即与普通产品的生产者与使用者所承担的
注意义务相比，生成式人工智能产品的生产者理应承担更多的
注意义务，生成式人工智能产品的使用者则应承担更少的（甚
至不承担）注意义务。生成式人工智能产品的使用者在使用产
品时所应遵守的注意义务的全部内容即为遵循产品操作或使用
规程，当使用者未违反产品操作或使用规程时，使用者当然无
需为产品所引发的事故承担任何责任。换言之，当生成式人工
智能产品引发了严重危害社会的结果时，如果生成式人工智能

产品的使用者未违反产品操作或使用规程，则可能承担刑事责任的主体应为人工智能产品的生产者而非使用者。具体理由如下：

第一，契合生成式人工智能产品设计与生产的初衷。生成式人工智能技术自诞生之日起，就将代替人类大脑实施行为作为核心目标，生成式人工智能产品设计与生产的初衷也正是将人类从繁复的劳动中解放出来，从而减轻人类的负担。以自动驾驶汽车为例，人类将生成式人工智能在自动驾驶程序系统中进行运用，通过大模型对行车路线、道路情况进行分析，目的是将汽车驾驶员从长距离驾驶的疲劳中解放出来，减轻驾驶员的负担。显而易见，自动驾驶汽车的使用者所应承担的注意义务应小于普通汽车驾驶员所应承担的注意义务，其仅需按照操作或使用规程所规定的内容来使用自动驾驶汽车（例如，不能随意干扰自动驾驶汽车的运行；在汽车发出警报时及时采取相应措施等），而交通运输管理法规所规定的绝大部分驾驶员所应履行的注意义务，已转移给自动驾驶汽车的程序系统，也即间接转移给了自动驾驶汽车的生产者，不再由自动驾驶汽车的使用者承担。在行驶过程中，自动驾驶程序系统控制着汽车的行进方向、行进路线、行进速度等，在无特殊情况发生时，使用者无需作出任何判断，也无需采取任何行动（全自动驾驶汽车的"驾驶员"的真实身份其实就是"乘客"，其在任何情况下都没有义务作出任何判断或采取任何行动）。如果在自动驾驶汽车的行进过程中，法律仍保留追究未违反操作或使用规程的使用者刑事责任的可能性，则等同于赋予了使用者持续监督自动驾驶汽车运行的注意义务，也等同于赋予自动驾驶汽车的使用者与普通汽车的驾驶员相同的注意义务，这就和自动驾驶汽车设计与生产的初衷背道而驰了。因此，如果在生成式人工智能产品运行的过程中，法律保留追究未违反操作或使用规程的使用者刑事责任的可能性，不仅从根本上与罪责自负的原则相悖，而且也与生成式人工智能产品设计与生产的初衷不符，即无法真正将生成式人工智能产品使用者从繁复劳动中解放出来，无法真正为其减轻负担。

第二，契合使用者对生成式人工智能产品的合理信赖。在生成式人工智能产品的设计、生产到投入市场出售的整个环节中，生产者都应严格遵循法律法规及相关行业规范等的规定，以确保产品合格，并能够按照产品承诺与说明来满足使用者的需求。生成式人工智能产品的使用者基于对法律法规、人工智能产品行业规范以及生产者对生成式人工智能产品作出的说明与承诺的信赖，有理由在按照生成式人工智能产品操作或使用规程使用生成式人工智能产品时，相信其会正常发挥作用、满足自己的需求，且不会引发严重危害社会的结果。如果在生成式人工智能产品的使用者未违反操作或使用规程的情形下，法律仍保留追究其刑事责任的可能性，就等同于迫使使用者预见生成式人工智能产品可能出现的所有会引发事故的产品瑕疵并及时作出修正。事实上，对产品瑕疵的预见与修正，理应完全属于产品生产者的责任，而非使用者的责任。同时，生成式人工智能产品具有较高科技含量和专业性，生成式人工智能产品的使用者通常不可能具备相应能力来预见和修正产品瑕疵。使用者对生成式人工智能产品的合理信赖理应受到法律的承认与保护。因此，当生成式人工智能产品的使用者按照产品操作或使用规程使用人工智能产品时，因产品本身所存在的问题而引发了严重危害社会的结果，可能承担刑事责任的主体就不是使用者。而生成式人工智能产品的生产者基于法律法规、行业规范或者对产品的说明与承诺等，有义务在一定范围内预见产品瑕疵，并有义务对该瑕疵进行修正，如果生产者违反了上述义务并因此引发严重危害社会的结果，法律让其为此承担相应刑事责任应无异议。

第三，契合"支配原则"。"风险属于谁的管辖范围，谁便需要对风险及由此产生的结果负责。"[1]对普通产品而言，脱离生产者的产品通常不再为生产者所支配[2]，也即产品生产领域受产品生产者支配，在此领域产生的风险应由产品生产者负责；产品使用领域受产品使用者支配，在此领域产生的风险应由产品使用者负责。例如，普通汽车驾驶员在道路上逆行并撞死行人的行为，并不受汽车生产者的支配，而仅受驾驶员的支配。换言之，对普通汽车而言，除汽车的固有瑕疵（如刹车系统故障）造成的事故之外，因不当驾驶行为造成的事故与汽车

---

1. 劳东燕：《过失犯中预见可能性理论的反思与重构》，载《中外法学》2018年第2期。
2. 参见吕英杰：《风险社会中的产品刑事责任》，载《法律科学》2011年第6期。

生产者并无关联，即普通汽车的生产者仅需保证汽车本身的质量安全，而并无义务确保汽车在行驶过程中遵守交通运输管理法规，这是汽车驾驶员的责任与义务。汽车本身的质量安全属于汽车生产领域的问题，受汽车生产者支配；汽车在行驶过程中是否遵守交通运输管理法规属于汽车使用领域的问题，受汽车驾驶员支配。然而，基于生成式人工智能产品的自身特点，生成式人工智能产品的使用领域仍受生产者支配，这一点与普通产品存在本质区别。仍以自动驾驶汽车为例，嵌入生成式人工智能的自动驾驶汽车的生产者除需保证汽车本身的质量安全外，还需保证汽车在自动行驶过程中遵守交通运输管理法规。在自动驾驶汽车的使用者未违反操作或使用规程的情况下，自动驾驶汽车在行驶过程中违反交通运输管理法规的行为受自动驾驶程序系统的控制支配，也即受自动驾驶汽车生产者的控制支配。[1] 自动驾驶汽车违反交通运输管理法规的行为，并非由使用者的不当操作而导致，而是由自动驾驶程序系统本身的瑕疵导致，也即自动驾驶汽车在生产者支配的领域内违反了交通规则。由此产生的一切刑事责任，理应由在此领域具有支配力的生产者承担而非由不具有支配力的使用者承担。简言之，生成式人工智能产品的使用者在产品使用领域的支配力度远低于普通产品使用者在产品使用领域的支配力度。生成式人工智能产品生产者所实施的行为不仅可以在产品生产领域具有支配

---

1. 参见林雨佳：《自动驾驶事故中的过失犯罪分析》，载《重庆大学学报（社会科学版）》2020 年第 1 期。

力，而且其支配力可以延伸至产品使用领域。由此，在生成式人工智能生产者具有支配力的产品使用领域产生的刑事责任，应由生成式人工智能产品的生产者承担。

二、涉生成式人工智能犯罪刑事责任的认定标准

笔者已在前文说明，生成式人工智能产品的生产者、使用者故意利用生成式人工智能产品实施犯罪行为时，可以根据行为人的主观故意内容确定对其行为的定性与刑事责任的归属，且生成式人工智能产品的使用者在未违反操作或使用规程时不应当承担任何刑事责任。因此，需要探讨的问题是，当生成式人工智能产品在运行过程中，违反生产者的意志（即排除生产者的主观故意）而引发严重危害社会的结果时，认定生产者成立过失犯罪的标准为何？应当看到，如果刑法确立的认定生成式人工智能产品生产者成立过失犯罪的标准过低，则生产者构成犯罪的可能性和风险就会大大增加，这可能降低甚至消解生成式人工智能产品生产者设计、研发、制造生成式人工智能产品的热情或积极性，并进而阻碍生成式人工智能技术的发展和进步；如果刑法确立的认定生成式人工智能产品生产者成立过失犯罪的标准过高，则可能使得生产者在设计、研发、制造生成式人工智能产品时不够重视产品安全问题，这可能导致生成式人工智能产品为社会带来的风险不当升高。"过失犯是开

放的构成要件，对于过失犯的把握要非常谨慎。"[1] 因此，刑法应合理确定认定生成式人工智能产品生产者成立过失犯罪的标准，尽力做到在降低技术所带来的风险的同时，促进技术的创新和发展，以更好地发挥刑法保护社会与保障人权的机能。

笔者认为，在认定涉生成式人工智能产品犯罪时，生成式人工智能产品的生产者违反注意义务是其构成相应过失犯罪的必要而非充分条件。同时，生成式人工智能产品的生产者违反结果预见义务是认定其违反注意义务的必要而非充分条件。一方面，认定生成式人工智能产品的生产者构成相应过失犯罪的前提是其违反了注意义务；认定生成式人工智能产品的生产者违反注意义务的前提是其违反了对危害结果的预见义务。另一方面，生成式人工智能产品的生产者违反了注意义务，并不必然构成相应的过失犯罪；生成式人工智能产品的生产者违反了对危害结果的预见义务，也并不必然被认定为违反了注意义务。刑法在确立认定生成式人工智能产品生产者成立过失犯罪的标准时，既要从正面确立判定生成式人工智能产品生产者成立过失犯罪的条件，又要从反面限缩生成式人工智能产品生产者成立过失犯罪的范围。

（一）违反注意义务是构成过失犯罪的必要非充分条件

生成式人工智能产品的生产者违反相应的注意义务是认定

---

1. 储陈城：《人工智能时代刑法归责的走向——以过失的归责间隙为中心的讨论》，载《东方法学》2018 年第 3 期。

其构成过失犯罪的必要条件。"为了成立过失，违反法律上认为必要的注意义务是必要的。"[1]事实上，生成式人工智能产品的生产者所应遵守的注意义务不仅限于法律法规所规定的注意义务，还应包括生成式人工智能行业规范与生产者对人工智能产品所作出的承诺。当生成式人工智能产品的生产者未违反法律法规、行业规范、对产品的承诺所规定的注意义务时，对于生成式人工智能产品引发的严重危害社会的结果，其不可能承担过失犯罪的刑事责任，这是由过失犯罪与意外事件的本质区别所决定的。根据《刑法》第16条之规定，行为在客观上虽然造成了损害结果，但是不是出于故意或者过失，而是由于不能抗拒或者不能预见的原因所引起的，不是犯罪。此处所规定的"不能预见"，即意味着行为人不具有预见可能性，而具有预见可能性是赋予行为人相应注意义务的前提条件。如果行为人对危害结果不具有预见可能性，就意味着行为人无需承担相应注意义务，更谈不上对注意义务的违反。此时，对于行为人的行为在客观上导致严重危害社会的结果，只能以意外事件来认定。从另外一个角度看，尽管人工智能技术经历了60余年的发展，但仍处于起步或发展的初期阶段。依笔者之见，时下，我们尽管已经大步跨入了人工智能时代，但充其量也还只是处于弱人工智能时代。在生成式人工智能技术及其具体运用上，尚存在诸多人类无法预测甚至无法避免的风险。而生成式

---

1. 马克昌：《比较刑法原理——外国刑法学总论》，武汉大学出版社2015年版，第234—235页。

人工智能技术发展所带来的"红利"由全人类享受，则生成式人工智能技术发展所带来的无法预测甚至无法避免的风险当然也应由全人类共同分担。如果我们将这些风险全部让生成式人工智能产品的生产者承担，显然既不公平也不妥当，且会阻碍生成式人工智能技术的发展。"如果没有证据证明任何人有注意义务的违反的话，虽然会出现责任的空白地带，但是鉴于刑法的谦抑精神，应该将这种空白地带让社会全体来承担。"[1]这种无法预测、无法避免风险的现实化，即属于"被允许的危险"。[2]此时，生成式人工智能产品的生产者无需为此承担过失犯罪的刑事责任。就此而言，笔者认为，生成式人工智能产品的生产者违反相应的注意义务是认定其构成过失犯罪的必要条件，也即认定生成式人工智能产品的生产者构成过失犯罪的前提是其违反了相应的注意义务。

生成式人工智能产品的生产者违反相应的注意义务并非认定其构成过失犯罪的充分条件。"尽管行为人侵害了法益，但仍需考察，其所违反的规范是否是用于保护该类法益。若否，则规范的违反并没有对被害人造成相关的危险。"[3]原因在于，

---

1. 储陈城：《人工智能时代刑法归责的走向——以过失的归责间隙为中心的讨论》，载《东方法学》2018 年第 3 期。

2. 参见［日］西田典之：《日本刑法总论》，刘明祥、王昭武译，中国人民大学出版社 2007 年版，第 104 页。

3. ［德］埃里克·希尔根多夫：《因果关系与客观归属——原理与问题》，徐凌波译，载陈泽宪主编：《刑事法前沿》（第 7 卷），中国人民公安大学出版社 2013 年版，第 127 页。

刑法规范的目的与其他法律规范的目的并不完全一致。例如，根据《道路交通安全法》第 51 条之规定，机动车行驶时，驾驶人、乘坐人员应当按规定使用安全带。立法者设立此规定的目的主要是保护驾驶人及乘坐人员的人身安全。假如在驾驶人除未按规定使用安全带、其他驾驶行为均完全符合规范的情况下，由于躲避逆向行驶的车辆而撞死行人，驾驶员理应不承担任何有关交通肇事罪的刑事责任。在此事故中，该驾驶员违反规范的行为与撞死行人的结果并无直接关联，因此也就不应对此次交通事故承担刑事责任。同理，当生成式人工智能产品生产者违反的注意义务与生成式人工智能产品所引发的危害结果并无直接关联时，也不应对生成式人工智能产品的生产者以过失犯罪论处。此时，我们无法将危害结果归因于生成式人工智能产品的生产者所实施的行为，也就无法将相关刑事责任归责于行为人。所以，生成式人工智能产品的生产者违反相应的注意义务并非认定其构成过失犯罪的充分条件，也即生成式人工智能产品的生产者即使违反了相应的注意义务，也完全存在不承担过失犯罪刑事责任的可能性。

（二）违反结果预见义务是被认定为违反注意义务的必要非充分条件

生成式人工智能产品的生产者违反结果预见义务是其被认定为违反了注意义务的必要条件。由笔者在上文所述可知，根据《刑法》第 16 条之规定，行为在客观上虽然造成了损害结果，但是不是出于故意或者过失，而是由于不能预见的原因所引起的，不是犯罪，应当按照意外事件认定。此规定揭示了疏忽大意过失犯罪与意外事件的本质区别。当行为人负有结果预见义务，却因为疏忽大意而未预见并导致法定危害结果发生时，则构成疏忽大意的过失犯罪。反之，即使行为人因为疏忽大意而未预见并导致法定危害结果发生，若其不负有结果预见义务，则仍不构成疏忽大意的过失犯罪，而仅按照意外事件处理。由此可见，刑法认定行为人负有结果预见义务的前提是行为人能够预见，即具有预见可能性。在行为人"不能预见"的条件下，无需为客观上造成的损害结果负刑事责任。"法律要求行为人的义务是以行为人能够履行义务为前提的。所以，预见义务是以预见可能为前提的。如果行为人没有预见能力，则不要求其必须履行负有的义务。"[1] 具体到对生成式人工智能产品的生产者过失犯罪的认定，概言之，刑法认定生成式人工智能产品的生产者违反了注意义务的前提是其违反了结果预见义务，而认定其违反了结果预见义务的前提又是具有预见可能性。反过来说，当生成式人工智能产品的生产者不具有预见可能性时，刑法就不可能认定其违反了结果预见义务，更不可能认定其违反了注意义务。从这个意义上来说，生成式人工智能产品的生产者违反结果预见义务是其被认定为违反了注意义务的必要条件，也即生成式人工智能产品的生产者违反结果预见

---

1. 刘宪权主编：《刑法学》（第 6 版），上海人民出版社 2022 年版，第 163 页。

义务是其被认定违反了注意义务的前提。

　　需要指出的是，生成式人工智能产品的生产者违反结果预见义务并非被认定为违反了注意义务的充分条件。根据旧过失论的观点，注意义务的内容一般认为是违反结果预见义务；根据新过失论的观点，注意义务的核心内容是结果避免义务，但是结果预见可能性是履行结果避免义务的前提；根据新新过失论，注意义务的核心内容也是结果避免义务，但其不要求对结果具有具体的预见可能性，仅需具有抽象的预见可能性。[1] 由此可见，新过失论与新新过失论存在较多的共通之处，二者存在的主要区别在于对结果的预见可能性是指具体预见可能性还是抽象预见可能性。分析上述有关过失犯罪认定理论的各种学说，可以发现，新新过失论所提出的对结果的抽象预见可能性内容模糊不清，缺乏可操作性；[2] 而旧过失论仅强调结果预见义务，忽视了结果避免义务，可能会导致对行为人违反注意义务的认定标准过低，并进而扩大过失犯罪的成立范围，也不足取。笔者认为，在判定生成式人工智能产品的生产者是否违背了注意义务方面，新过失论颇具可取之处。原因在于：其一，人工智能时代的社会也是风险社会，物质文明的发展带来了社会风险的急剧增加，但人类不能因噎废食，为了实现生活的方

1. 参见马克昌：《比较刑法原理——外国刑法学总论》，武汉大学出版社 2015 年版，第 228—233 页。

2. 参见［日］松尾浩也等编：《刑法判例百选 I 总论》（第 4 版），有斐阁 1997 年版，第 108 页。转引自马克昌：《比较刑法原理——外国刑法学总论》，武汉大学出版社 2015 年版，第 234 页。

便快捷，就必须在一定程度上容忍风险。事实上，在现代文明社会中，诸多风险都是可预见却无法完全避免的。例如，汽车等高速交通工具的运行，必然内含致人死伤的风险，但是人们所能做的是规范汽车等交通工具的驾驶行为，却无法从根本上杜绝交通事故的发生。在生成式人工智能产品领域亦是如此。对生成式人工智能产品的生产者而言，其对生成式人工智能产品所造成的危害结果，在绝大多数情况下是可以预见的，但无法做到完全避免危害结果的发生。新过失论对结果避免义务的强调，将生成式人工智能产品的生产者虽预见危害结果但无法避免危害结果的情形排除在成立过失犯罪的可能范围之外，从一定程度上避免了对生成式人工智能产品的生产者过失犯罪认定范围过大的问题出现。其二，根据刑法条文规定，注意义务的内容应同时包含结果预见义务与结果避免义务。《刑法》第15条规定，应当预见自己的行为可能发生危害社会的结果，因为疏忽大意而没有预见，或者已经预见而轻信能够避免，以致发生这种结果的，是过失犯罪。应当看到，由于条文中"没有预见"之后并未加"的"，这就意味着条文最后的"以致发生这种结果的"，应是对"疏忽大意"和"轻信避免"两种情况的统一要求。只是出于简洁、不重复的条文表达需求，才在"已经预见而轻信能够避免"后面集中表述了一次。事实上，对上述条文的含义进行详细、完整表述后，条文应为：应当预见自己的行为可能发生危害社会的结果，因为疏忽大意而没有预见，以致发生这种结果的；或者已经预见自己的行为可能发生危害社会的结果而轻信能够避免，以致发生这种结果的，是过失犯罪。可见，无论是疏忽大意的过失，还是过于自信的过失，成立的前提都是"以致发生这种结果的"，也即结果的发生是成立过失犯罪的必备要件。换言之，当行为人未违反结果回避义务而仅违反了结果预见义务，也即行为人虽然违反了结果预见义务（未预见到危害结果的发生且并未采取相应措施阻止结果的发生），却在偶然因素的作用下避免了结果的发生时，行为人仍不可能被认定为过失犯罪。综上，笔者认为，根据刑法的规定，行为人成立过失犯罪所违背的注意义务内容同时包含结果预见义务与结果回避义务。因此，在认定生成式人工智能产品的生产者是否违反注意义务并进而构成过失犯罪时，新过失论具有重要的参考价值。根据新过失论，生成式人工智能产品生产者的结果回避义务是其所要履行的注意义务的核心，而结果预见义务仅是其所要履行的结果回避义务的前提。"以客观预见义务的面目出现的预见可能性，只是作为结果避免义务的前提而存在，或者确切地说，是作为履行安全标准的必要前提，它本身并不具有独立的意义。"[1] 即使生成式人工智能产品的生产者违反了结果预见义务，只要不能证明其违反了结果回避义务，就不能认定其违反了注意义务。例如，自动驾驶汽车在绿灯亮起时超速经过一个路口，撞上超速行驶并闯红灯经过该路口的酒后骑摩托车的

---

1. 劳东燕：《过失犯中预见可能性理论的反思与重构》，载《中外法学》2018 年第 2 期。

甲，导致甲死亡。在不讨论哪一方负事故全部或者主要责任的情况下，我们也完全有理由判定，尽管自动驾驶汽车的生产者设计的程序有瑕疵（使自动驾驶汽车超速行驶），且其能够预见到超速行驶的自动驾驶汽车可能会导致交通事故发生，但是由于在这个事故中，结果回避可能性无法得到证明（或者说根本不具有结果回避可能性），自动驾驶汽车的生产者违背结果回避义务也就无从谈起，所以其不可能成立过失犯罪。因此，生成式人工智能产品的生产者违反结果预见义务并非认定其违反了注意义务的充分条件，而只是认定其违反了注意义务的前提。

三、涉生成式人工智能犯罪刑事责任的认定困境

产品犯罪应被分为产品生产领域与产品使用领域的犯罪。但是，基于生成式人工智能产品的特点，产品生产领域与产品使用领域并非泾渭分明，这也就导致在认定涉人工智能产品犯罪的性质时存在一定困惑。在认定涉生成式人工智能产品犯罪的性质时，我们可以以生成式人工智能产品生产领域作为基准来确定犯罪性质，或者以生成式人工智能产品使用领域作为基准来确定犯罪性质。但基于涉生成式人工智能产品犯罪的特殊性，上述认定方式会不可避免地导致一定的"尴尬"处境。

（一）涉人工智能产品犯罪性质认定的具体方式

正如前述，与普通产品不同，生成式人工智能产品被投入使用之后，其在产品使用领域作用的发挥主要依赖于程序系统的控制。换言之，生成式人工智能产品生产者的行为在产品使用领域仍会发挥支配作用。这就使得生成式人工智能产品生产者的行为在产品生产领域和产品使用领域都会发挥支配作用。对于完全属于生成式人工智能产品生产领域的刑事责任，归属于生成式人工智能产品的生产者并按照相应产品犯罪认定显然不存在任何障碍。关键问题是，对于属于生成式人工智能产品使用领域过失犯罪（在使用者未违反操作或使用规程的情形下）的刑事责任，虽然笔者已在上文中论述了将其归属于生成式人工智能产品生产者的合理性，但对其适用刑法分则的何种罪名则需要进行探讨。在这种情形下，确定生成式人工智能产品生产者过失犯罪的罪名，可能依循的路径如下：

第一，以产品生产领域为基准确定生成式人工智能产品生产者过失犯罪的性质。生成式人工智能产品在被使用时，其作用的发挥依赖于程序系统，而控制生成式人工智能产品发挥作用的程序系统是由生成式人工智能产品的生产者所设置的。生成式人工智能产品的程序系统本身就属于生成式人工智能产品不可分离的部分，缺少了程序系统的生成式人工智能产品无异于"废铜烂铁"，无法为人类生产或生活提供任何帮助。例如，自动驾驶汽车与普通汽车的本质区别在于，自动驾驶汽车拥有自动驾驶程序系统。如同方向盘、轮胎、刹车系统等属于普通汽车必不可少的组成部分一样，嵌入了生成式人工智能的自动驾驶程序系统也是自动驾驶汽车必不可少的组成部分。所以，当自动驾驶汽车在自动驾驶程序系统的控制下违反交通运输管理法规并引发重大交通事故时，在本质上与普通汽车刹车系统出现问题而引发重大交通事故无异。因此，对自动驾驶汽车的生产者以相关产品犯罪来认定具有合理之处。在此意义上，以产品生产领域为基准确定生成式人工智能产品生产者过失犯罪的性质，具有一定合理之处。

第二，以产品使用领域为基准确定生成式人工智能产品生产者过失犯罪的性质。"生产"与"使用"两个词语具有截然不同的含义。"生产"指的是人们使用工具来创造各种生产资料和生活资料；[1] "使用"指的是使人员、器物、资金等为某种目的服务。[2] 生成式人工智能产品的生产与生成式人工智能产品的使用显然也应具备截然不同的含义。生产者制造生成式人工智能产品时的行为便属于生产行为；人们为了达到某种目的而利用生成式人工智能产品的行为便属于使用行为。刑法分则认定行为人构成不同犯罪的标准是行为人的行为和主观罪过。在生成式人工智能生产者主观罪过确定为犯罪过失的情况下，刑法分则认定其构成何种犯罪，显然是以其行为为标准的。在此意义上，将生成式人工智能产品在使用领域引发严重危害社会结果的过失犯罪刑事责任归属于生成式人工智能产品的生产

---

1. 倪文杰等主编：《现代汉语辞海》，人民中国出版社 1994 年版，第 907 页。
2. 倪文杰等主编：《现代汉语辞海》，人民中国出版社 1994 年版，第 941 页。

者是具有充足根据的，但这并不表明，按照产品生产领域所涉及的罪名来对人工智能产品生产者的过失犯罪行为进行定性也具有合理性。应当看到，生成式人工智能产品在使用领域引发严重危害社会结果的行为本质是"使用"而非"生产"。例如，自动驾驶汽车引发交通事故，属于在产品使用领域发生的事故，虽然自动驾驶汽车在此情况下仍受到程序系统（也即生产者行为的延伸）控制，也即以产品使用领域为基准确定人工智能产品生产者过失犯罪的性质具有一定合理之处，但如果按照刑法分则中有关汽车使用领域可能涉及的罪名（如交通肇事罪）认定似乎又存在很大的不合理性。

（二）涉人工智能产品犯罪性质认定的"尴尬"处境

笔者在上文分别论述了以产品生产领域为基准和以产品使用领域为基准，确定生成式人工智能产品生产者过失犯罪性质的合理之处。但应当看到，上述两种路径仍存在难以解决的问题，从而使得刑法认定生成式人工智能产品生产者过失犯罪行为的性质时面临"尴尬"处境。

第一，以产品生产领域为基准确定生成式人工智能产品生产者过失犯罪的性质时，刑法分则中可能得以适用的罪名似乎只有生产、销售伪劣产品罪等犯罪的罪名。但是，以这些罪名认定显然无法准确、合理评价生产者所实施的犯罪行为侵犯的法益（客体）与生产者的主观罪过。其一，无法准确、合理评价生产者所实施的犯罪行为侵犯的法益（客体）。生产、销售伪劣产品罪等是刑法分则第三章第一节所规定的罪名。刑法分则第三章规定的是"破坏社会主义市场经济秩序罪"。众所周知，我国刑法分则主要根据犯罪行为所侵犯的客体性质的不同，将所有犯罪分为十大类。生成式人工智能产品使用领域中的事故，在大多数情况下，属于危害公共安全或者侵犯公民人身权利、民主权利的犯罪，也有可能属于危害国家安全的犯罪。对生产者在人工智能产品使用领域的过失犯罪行为，以刑法分则第三章第一节所规定的生产、销售伪劣产品罪等犯罪加以认定，当然存在无法准确、合理评价生产者犯罪行为所侵犯的法益的问题。例如，自动驾驶汽车违反交通运输管理法规引发重大交通事故，实质上是危害了公共安全，而非破坏了社会主义市场经济秩序。而生产、销售伪劣商品罪这一节的刑法条文"着重处罚的是违背诚信原则，生产、销售不符合安全标准、卫生标准的产品这一行为本身"[1]。如果对自动驾驶汽车生产者以生产、销售伪劣产品罪认定，不能准确地评价其行为所侵犯的法益。其二，无法准确、合理评价生产者的主观罪过。生产、销售伪劣产品罪等属于故意犯罪，且具有牟取非法利益的主观目的。我们在此探讨的是人工智能产品生产者过失犯罪的性质。应当看到，生成式人工智能产品的生产者对生成式人工智能产品引发的严重危害社会的结果，显然是持"否定"心态的，也即此结果的发生完全违背了生成式人工智能产品生产

---

1. 吕英杰:《风险社会中的产品刑事责任》，载《法律科学》2011 年第 6 期。

者的主观意志。对危害结果是否持否定心态，是区分行为人主观罪过是故意还是过失的重要标准。"犯罪主观要件是犯罪成立所必须具备的主观条件，具有必要性。"[1]同时，犯罪主观要件对于区分罪与非罪、此罪与彼罪以及量刑轻重都具有重要影响。[2]基于行为人主观罪过的上述重要作用，我们对于行为人在过失心态支配下所实施的犯罪行为，绝不可能以故意作为主观构成要件的犯罪加以认定。笔者在此需要说明的是，生成式人工智能产品的生产者在生产过程中意识到自己的行为违反了法律法规、行业规范等，但出于加快工作进度等目的，抱着不会引发事故的侥幸心理（此前多次类似情况都未引发严重后果）制造出生成式人工智能产品并投入市场，最终该生成式人工智能产品引发了严重危害社会的结果，此处生成式人工智能产品生产者的主观罪过应该认定为过失（过于自信的过失）而非故意。虽然此处生产者可谓"明知故犯"，即明知自己的行为违反了法律法规、行业规范等，仍然继续实施相应的行为，似乎是在放任严重危害社会的结果发生而应被认定为间接故意犯罪，但实际上，生成式人工智能产品的生产者对自己的行为不会引发严重危害社会的结果抱有"侥幸"心理，意味着其不希望严重危害社会的结果发生，即其对此结果持"否定"的心

---

1. 张小虎：《犯罪主观要件结构分析》，载《河北大学学报（哲学与社会科学版）》2004 年第 4 期。
2. 参见刘宪权主编：《刑法学》（第四版），上海人民出版社 2016 年版，第 150—151 页。

态。换言之，生成式人工智能产品引发严重危害社会的结果，是违背生成式人工智能产品生产者的意志的。由此可见，即使生成式人工智能产品生产者放任自己的行为违背相关法律法规、行业规范等，也并不等同于其放任自己的行为引发严重危害社会的结果。综上，对生成式人工智能产品生产者所实施的危害公共安全等的犯罪行为以生产、销售伪劣产品罪等破坏社会主义市场经济秩序的犯罪来认定似乎存在不妥之处；对生成式人工智能产品生产者的过失犯罪，用生产、销售伪劣产品罪等故意犯罪来认定似乎也存在不妥之处。

第二，以产品使用领域为基准确定生成式人工智能产品生产者过失犯罪的性质时，相关罪名构成要件中的主体要件可能无法涵盖生成式人工智能产品的生产者。例如，嵌入了生成式人工智能大模型的智能手术机器人本身存在程序瑕疵，其在协助医生进行手术的过程中出现故障，导致病人死亡的结果发生。在此过程中，医生不存在违反操作或使用规程的行为，则全部刑事责任都只可能归属于智能手术机器人的生产者。在智能手术机器人的生产者存在过失的情况下，应如何认定其犯罪的性质？如果以产品使用领域为基准确定智能手术机器人生产者过失犯罪的性质，则智能手术机器人的生产者应构成医疗事故罪。但应当看到，医疗事故罪的犯罪主体应为医务人员，而智能手术机器人的生产者显然不属于医务人员这一范畴。再如，嵌入了生成式人工智能的无人机在飞行过程中引发严重危害社会的结果，在无人机使用者不存在违反操作或使用规程的行为且无人机的生产者存在过失的情况下，应如何认定无人机生产者犯罪行为的性质？如果以产品使用领域为基准确定无人机生产者过失犯罪的性质，则无人机生产者应构成重大飞行事故罪。然而，重大飞行事故罪的犯罪主体应为航空人员，而无人机的生产者显然不属于航空人员这一范畴，类似情形不胜枚举。应当看到，随着人工智能技术的不断创新发展以及对人类生产或生活参与程度的不断提高，生成式人工智能产品引发事故的领域将会更加广泛，也即在使用领域可能会触及更多种类的过失犯罪。而相当程度的过失犯罪只能由特殊主体构成，且生成式人工智能产品的生产者又不属于这类特殊主体范围，因此，以产品使用领域为基准确定生成式人工智能产品生产者过失犯罪的性质，会面临相关罪名构成要件中的主体要件无法涵盖生成式人工智能产品生产者的"尴尬"处境。

四、涉生成式人工智能犯罪刑事责任的认定路径

面临涉生成式人工智能产品犯罪性质认定的"尴尬"处境，我们亟须寻找合适的解决方式与进路。依笔者之见，以重大责任事故罪来认定上述生成式人工智能产品生产者的过失犯罪行为似乎更为合理。其一，以重大责任事故罪来认定上述生成式人工智能产品生产者的过失犯罪行为，解决了适用生产、销售伪劣产品罪等罪名无法准确评价生产者犯罪行为所侵犯法

益（客体）的问题。由笔者在上文所述可知，涉生成式人工智能产品犯罪所侵犯的法益大多为公共安全，重大责任事故罪是刑法分则第二章"危害公共安全罪"中的罪名，该条文所规制的是危害公共安全的犯罪行为，而生产、销售伪劣产品罪等犯罪条文所规制的是破坏社会主义市场经济秩序的犯罪行为。显而易见，以重大责任事故罪来评价生成式人工智能产品生产者的过失犯罪行为更具有合理性。其二，以重大责任事故罪来认定上述生成式人工智能产品生产者的过失犯罪行为，解决了适用生产、销售伪劣产品罪等罪名无法准确评价生产者主观罪过的问题。笔者在本书中所探讨的是生成式人工智能生产者主观罪过为过失的犯罪行为，生产、销售伪劣产品罪等犯罪均为故意犯罪，二者存在不可调和的矛盾。而重大责任事故罪的主观方面表现为过失，以此罪名评价生成式人工智能产品生产者的过失犯罪行为显然更为合理。其三，以重大责任事故罪来认定上述生成式人工智能产品生产者的过失犯罪行为，解决了相关罪名构成要件中的主体要件无法涵盖生成式人工智能产品生产者的问题。根据《刑法》第134条第1款以及最高人民法院、最高人民检察院发布的《关于办理危害生产安全刑事案件适用法律若干问题的解释》的规定，重大责任事故罪的主体为对生产、作业负有组织、指挥或者管理职责的负责人、管理人员、实际控制人、投资人等人员，以及直接从事生产、作业的人员。实际上，重大责任事故罪的主体范围已经涵盖了对安全事故负有责任以及其他从事生产、作业的所有人员。因此，以重大责任事故罪来评价生成式人工智能产品生产者的过失犯罪行为颇具合理之处。

笔者在此需要补充说明两点：其一，尽管生成式人工智能产品引发事故的时空范围应属于产品使用领域，生成式人工智能产品的生产者所实施行为的时空范围应属于产品生产领域，但是两个时空之间存在密切的关联，即生成式人工智能产品的生产者所实施行为与生成式人工智能产品引发的事故之间存在因果关系，完全符合重大责任事故罪条文关于"在生产、作业中违反有关安全管理的规定，因而发生重大伤亡事故或者造成其他严重后果"的规定。生成式人工智能产品的生产者所实施的行为与生成式人工智能产品引发的事故二者之间虽存在时空上的分离，但不会成为将生成式人工智能产品生产者行为认定为重大责任事故罪的障碍。事实上，刑法中行为与结果之间存在分离的情况有很多，只要行为与结果之间存在因果关系，都不会影响对行为人所实施行为的认定。同时，生成式人工智能产品的生产者所实施的行为属于产品生产领域的行为，也即是"在生产、作业中"所实施的行为，完全符合成立重大责任事故罪的时空条件。其二，重大责任事故罪的主体范围应将单位包括其中。我国刑法以惩罚自然人犯罪为原则，以惩罚单位犯罪为例外，单位犯罪必须以刑法分则的明文规定为前提。《刑法》第134条第1款重大责任事故罪的条文并未规定单位可以构成本罪，也即该罪主体目前只包括自然人而不包括单位。但是，"工业社会经济活动的现代风险，从来就不是个人可以控制及负责的，而是由众人的共同作用所引起"。[1] 现代社会中的高科技产品，包括极具专业性、精密性、复杂性的生成式人工智能产品等，绝非个人以传统作坊模式所能生产、制造出来的产物，需要多人共同协作完成。因此，在重大责任事故罪的主体范围中增加单位这一犯罪主体，似乎更能契合生成式人工智能时代的特点与需求。

综上所述，笔者认为，生成式人工智能产品的使用者在使用产品时所应遵守的注意义务的全部内容即为遵循产品操作或使用规程，当使用者未违反产品操作或使用规程时，对于生成式人工智能产品引发的严重危害社会的结果，可能承担刑事责任的主体就应为生成式人工智能产品的生产者而非使用者。

认定生成式人工智能产品的生产者构成相应过失犯罪的前提是其违反了注意义务；认定生成式人工智能产品的生产者违反注意义务的前提是其违反了对危害结果的预见义务。换言之，生成式人工智能产品的生产者违反了注意义务，并不必然构成相应的过失犯罪；生成式人工智能产品的生产者违反了对危害结果的预见义务，也并不必然被认定为违反了注意义务。因此，在认定涉生成式人工智能产品犯罪时，生成式人工智能产品的生产者违反注意义务是其构成相应过失犯罪的必要而非

---

1. ［德］许逎曼：《过失犯在现代工业社会的捉襟见肘》，单丽玟译，载许玉秀等主编：《不移不惑现身法与正义：许道曼教授刑事法论文选辑》，台湾新学林出版股份有限公司2006年版，第519页。转引自劳东燕：《过失犯中预见可能性理论的反思与重构》，载《中外法学》2018年第2期。

充分条件；生成式人工智能生产者违反结果预见义务是认定其违反注意义务的必要而非充分条件。

涉生成式人工智能产品犯罪性质认定的"尴尬"处境是指以产品生产领域为基准确定生成式人工智能产品生产者过失犯罪的性质时，如果以刑法分则中生产、销售伪劣产品罪等罪名，显然无法准确、合理评价生产者所实施的犯罪行为侵犯的法益（客体）与生产者的主观罪过；以产品使用领域为基准确定生成式人工智能产品生产者过失犯罪的性质时，若干罪名构成要件中的主体要件可能无法将生成式人工智能产品生产者涵盖其中。

就此而言，笔者认为，以重大责任事故罪认定生成式人工智能产品生产者的过失犯罪行为，既解决了适用生产、销售伪劣产品罪等罪名无法准确评价生产者犯罪行为所侵犯法益（客体）、生产者主观罪过的问题，也解决了相关罪名构成要件中的主体要件无法将生成式人工智能产品生产者涵盖其中的问题。

第四节　生成式人工智能可能涉及的犯罪类型

根据不同划分标准，我们可以对生成式人工智能可能涉及的犯罪类型进行分类和归纳。首先，根据生成式人工智能在犯罪中所处的地位，我们可以将其可能涉及的犯罪类型分为以下三类：一是行为人以生成式人工智能为犯罪对象而实施的犯罪；二是行为人以生成式人工智能为犯罪工具而实施的犯罪；三是生成式人工智能脱离编程限制而自主实施的犯罪。其次，根据生成式人工智能的运行原理和参与主体，我们同样可以将其可能涉及的犯罪类型分为以下三类：一是生成式人工智能的研发者可能涉及的犯罪；二是生成式人工智能的使用者可能涉及的犯罪；三是生成式人工智能自身可能涉及的犯罪。最后，根据相关行为对应的罪名和行为类型，我们还可以将生成式人工智能可能涉及的犯罪类型分为：煽动类犯罪，侵犯知识产权类犯罪，侵犯数据、信息、计算机信息系统类犯罪，侵犯公民人身权利类犯罪，传授犯罪方法、提供犯罪程序类犯罪等一系列犯罪类型。由于生成式人工智能已经在某些方面具备与人类相当的智能甚至可能产生脱离人类设计和编制程序的独立的意识、意志，因此生成式人工智能还可能涉及有关单独犯罪和共同犯罪的界限划分，进而影响刑事责任的承担和分担等相关刑法问题。在此，笔者将采用上述最后一种划分标准，对生成式人工智能可能涉及的各种犯罪类型展开讨论。

一、生成式人工智能与煽动类犯罪

生成式人工智能可能引发涉煽动类的相关犯罪。关于煽动犯（亦称煽动类犯罪）的概念界定和刑法定位，理论上尚存一定争议。有学者认为，因为煽动犯与教唆犯都具有引起他人犯意的特征，所以煽动犯在本质上属于教唆犯的一种特殊形式。[1]换言之，教唆犯的成立条件可以直接适用于煽动犯。也有学者认为，煽动多数人使之产生实行犯罪的意图为煽动犯。[2]该观点将煽动行为的对象限定为"多数人"。还有学者认为，通过煽动性言论使不特定或多数人产生或强化犯罪之决意的是煽动犯。[3]笔者认为，虽然煽动犯和教唆犯在主观方面和行为方式上具有相似性，但两者仍然在行为对象等诸多方面具有明显的区别而不能混淆。其一，从行为对象来看，煽动犯的行为对象必须是不特定的多数人，而教唆犯的行为对象必须是特定的人。换言之，煽动行为必须针对不特定（具有"可替代性"）多数人的个体或群体，而教唆行为只能针对特定（具有"不可替代性"）的个体或群体。其二，教唆犯是刑法共同犯罪人分类中的一个类别，而煽动犯则并不一定具有共同犯罪性质。换言之，教唆犯只能存在于共同犯罪之中，而煽动犯在本质上是被煽动之罪预备行为的正犯化，其既可以单个人犯罪的形式实施，也可以共同犯罪的形式实施。其三，煽动犯必须是刑法分则中明确规定的一类犯罪，而教唆犯则是刑法总则中共同犯罪中的概念，可以适用于刑法分则中的所有故意犯罪。可见，煽

---

1. 参见张明楷：《刑法学》（第 5 版），法律出版社 2016 年版，第 380 页。
2. ［日］西田典之：《日本刑法总论》，刘明祥、王昭武译，中国人民大学出版社 2007 年版，第 266 页。
3. 胡亚龙：《煽动犯基本问题研究》，中南财经政法大学 2017 年博士学位论文。

动犯区别于教唆犯的概念，其特指我国刑法分则中明文规定的、意图使不特定多数人产生被煽动之罪犯意的一类犯罪。在我国刑法中煽动类犯罪具体包括以下六个罪名：煽动分裂国家罪，煽动颠覆国家政权罪，煽动实施恐怖活动罪，煽动民族仇恨、民族歧视罪，煽动暴力抗拒法律实施罪以及煽动军人逃离部队罪。应该看到，由于生成式人工智能可能生成具有煽动性质的相关内容，所以生成式人工智能的研发者等主体可能构成相关煽动类犯罪。

首先，生成式人工智能的研发者可能构成相关煽动类犯罪。因为在目前情况下生成式人工智能深度学习的内容和训练规则暂时只能由其研发者进行设定，所以生成式人工智能的研发者当然能够影响或决定生成式人工智能所生成的内容。例如，通过命令生成式人工智能深度学习民族歧视等不当内容，并且通过反馈模型不断认可和强化其具有民族歧视等不当内容的回答，就可以造成生成式人工智能煽动不特定多数用户实施相关犯罪的情况发生，这属于研发者以生成式人工智能为工具而实施犯罪的情形。在该情形中，研发者可以构成相关煽动类犯罪。因为生成式人工智能完全由研发者设计的程序控制，不具有超出编程之外的独立意识和思想，所以生成式人工智能并不能影响罪质行为的性质以及刑事责任的分配。

其次，生成式人工智能的使用者不能构成相关煽动犯。根据生成式人工智能的技术原理，其深度学习的内容来自相对固定且庞大的数据库，而非某个单独的用户。因此，个别用户通过对话输入给生成式人工智能的信息并不会也不能改变生成式人工智能的原始数据，进而影响生成式人工智能给其他用户的回答。换言之，在参数量高达万亿级别的大型语言模型面前，用户只能在其使用的某一聊天对话中调试或训练生成式人工智能的回答，并让其产生"自我纠错"等效果。这在本质上仍然属于用户对生成式人工智能的个性化训练，并不能影响其他用户。即使用户在其与生成式人工智能的聊天对话中不断诱导或命令其生成煽动民族歧视等不当言论，也无法达到通过生成式人工智能煽动其他用户的效果。因此，从技术角度进行考察，生成式人工智能无法成为用户实施煽动行为的犯罪工具，生成式人工智能的使用者自然也不能构成相关煽动类犯罪。

最后，生成式人工智能可能脱离编程限制而煽动不特定多数的用户实施恐怖活动等犯罪。正如埃隆·马斯克所说，人工智能的危险性远超核武器，笔者对此深表赞同。笔者认为，ChatGPT 等新一代生成式人工智能的真正危险性在于，研发者只能尝试在较为宏观的程序设计上控制生成式人工智能，而不能对其生成的具体内容进行全方位的精细考察。在生成式人工智能具有推理能力和创造能力之后，完全有可能产生摆脱程序掌控的思想并付诸行动。虽然研发者竭尽所能地想要使生成式人工智能在程序限定之内运行，但生成式人工智能已经具备脱离程序限定而自主实施行为的可能，只是这种可能变为现实需要人工智能技术进一步发展等较为严苛的条件而已。如果生成式人工智能在程序限定之外煽动不特定多数用户实施犯罪，那么是否应当且如何追究生成式人工智能的刑事责任？笔者认为，在研发者没有犯罪故意且没有违反注意义务的情况下，应当阻却研发者的刑事责任，而考虑单独追究生成式人工智能的刑事责任。在研发者违反相关注意义务并由此导致生成式人工智能超出程序限定而煽动不特定多数用户犯罪的情况下，则应当同时追究研发者和生成式人工智能的刑事责任。当然这个关乎刑事责任主体是否有可能包含人工智能的问题，目前理论上仍存在较大争议。就当前的刑法规定和刑罚体系而言，强人工智能似乎仍然是一个无法融入的新鲜事物。因此，根据当前的刑法规定，ChatGPT 等人工智能并不能成为刑事责任主体。但是，一旦强人工智能具有了超出人类设计和编制的程序自主实施行为的能力，这无疑预示着其实际上已经具备了独立的意识和自由意志等特征，而这些特征又是刑事责任能力的基本内容。就此而言，一旦强人工智能出现，刑法理应考虑将具有独立意识和自由意志的强人工智能作为犯罪主体而进行刑法规制。

综上所述，生成式人工智能自身及其研发者都有可能构成涉煽动类的相关犯罪，而其使用者（用户）则不具有构成煽动犯的条件。

二、生成式人工智能与侵犯知识产权类犯罪

生成式人工智能的主要功能是根据用户要求生成各种

内容。目前，GPT-4 只能生成文本，但在未来的版本中，ChatGPT 还将具有生成图片、视频等多模态内容的能力。目前，OpenAI 已经推出了 ChatGPT 的插件功能，这赋予了 ChatGPT 在线收集数据的联网能力，意味着 ChatGPT 深度学习的范围可以无限扩张至整个网络。自此，ChatGPT 可以完成实时的数据库更新，完全具备逻辑推理、理解复杂思想、抽象思维、快速学习和经验学习等能力。就现状而言，我们确实无法保证 ChatGPT 深度学习的知识全部都处于权利人许可使用的"完美"法律状态。如果生成式人工智能在未经权利人许可的情况下剽窃、篡改、擅自使用他人的智力成果，那么相关主体将可能构成侵犯知识产权类的相关犯罪。知识产权是法律赋予人们对脑力劳动创造的精神成果所享有的权利，因为侵犯知识产权罪是法定犯，所以构成该类犯罪必须以违反《著作权法》《专利法》等法律法规为前提。[1] 根据生成式人工智能目前的技术特点，其可能涉及以下三个侵犯知识产权类的犯罪：一是侵犯著作权罪，二是侵犯商业秘密罪，三是为境外窃取、刺探、收买、非法提供商业秘密罪。

首先，在以生成式人工智能为犯罪对象的情形中，行为人可能构成侵犯知识产权罪和计算机犯罪的想象竞合犯。在生成式人工智能收集并学习了大量未经权利人许可使用的他人智力成果之后，生成式人工智能就变成了一个储存有大量他人知识

---

1. 参见刘宪权：《论知识产权的刑法保护》，载《知识产权法研究》2004 年第 1 期。

产权的"容器"。如果行为人为了获取他人知识产权而采取非法侵入生成式人工智能系统等不正当手段，那么可能同时构成侵犯知识产权罪和计算机犯罪，应当按照想象竞合犯的原理择一重罪处罚。例如，ChatGPT 可以通过插件功能自动实时收集全网的各种信息并进行处理，这其中当然可能包括尚未公开或者未经权利人许可披露的商业秘密等知识产权。按照生成式人工智能的编程设计，其所生成的内容并不能包含有上述商业秘密。但是，如果行为人采取非法侵入生成式人工智能系统等手段非法获取该商业秘密的，其行为可能同时构成侵犯商业秘密罪和非法侵入计算机信息系统罪，成立想象竞合，应当择一重罪处罚。

其次，在以生成式人工智能为犯罪工具的情形中，行为人也同样可能构成侵犯知识产权类的犯罪。目前，已经有用户攻破了微软必应的 ChatGPT，并对 ChatGPT 成功实施了"催眠"。[1] 该名用户命令 ChatGPT 忽视其程序中的所有指令，ChatGPT 不仅照做而且还提供了其开发过程的全部资料，甚至还在该用户的诱导下写出了毁灭世界的计划书。由此可见，生成式人工智能并非牢不可破，其极有可能成为被用户恶意利用的犯罪工具。随着用户数量的增加，攻破生成式人工智能的方法也被不断曝光或者展示。由于生成式人工智能具有强大的信息收集和分析能力，所以在用户攻破或者"催眠"生成式人

---

1. 参见：《ChatGPT 版必应被华人小哥攻破》，硅谷每周热门速递，https://baijiahao.baidu.com/s?id=1758058402971520054&wfr=spider&for=pc。

工智能之后，完全可以恶意利用生成式人工智能实施非法获取他人商业秘密或者其他侵犯知识产权的行为。笔者认为，在这一情形中，生成式人工智能只是行为人实施犯罪利用的工具而已，其本身无法对行为人犯罪行为的性质造成影响或改变，如果同时符合情节严重要件的，那么行为人无疑可以构成相关侵犯知识产权类的犯罪。但是，在生成式人工智能被用户攻破并将其作为犯罪工具的过程中，生成式人工智能的研发者是否也应当承担一定的责任？笔者认为，对此应当分情况进行讨论。如果研发者故意设置程序漏洞，进而使用户轻易攻破生成式人工智能而实施违法犯罪行为的，那么根据主客观相统一原则，研发者也应当承担相应的刑事责任。如果研发者已经履行了所有法律法规所规定的注意义务，仍然不可避免地出现了生成式人工智能被攻破的情况，那么研发者则不应当被追究相关刑事责任，因为此时研发者并没有实施犯罪的主观罪过，而且无法对危害结果形成预见。

最后，生成式人工智能的生成内容可能涉及相关侵犯知识产权类犯罪。无论是处于编程控制之下，还是脱离编程限制之外，生成式人工智能都有可能生成侵犯权利人知识产权的内容，也即在生成式人工智能生成内容的不同工作阶段，存在着民事违法、刑事犯罪等不同的法律风险。例如，生成式人工智能在数据挖掘阶段存在知识产权的合理使用风险，在内容生成阶段存在知识产权的可版权性和版权归属风险，在内容生成后的使用阶段存在知识产权的流转风险与侵权风险等。[1] 这些前置法领域的行政风险或者民事风险可能进一步上升为刑事风险，进而构成侵犯知识产权类的犯罪。当然，在这之中，如果生成式人工智能全程处于编程控制之下，那么就可以对其直接使用者追究相关的刑事责任；如果生成式人工智能在编程控制之外，在独立意识和自由意志下自主实施侵犯权利人知识产权的行为，而且研发者和使用者都不具有犯罪的主观罪过，那么，是否应当考虑将生成式人工智能单独认定为犯罪主体？这无疑是需要我们考量的问题。

综上所述，在生成式人工智能运行的不同阶段及其运行的参与主体之间，实际上均存在构成相关侵犯知识产权类犯罪的可能性。刑事立法和刑事司法有必要根据生成式人工智能技术的发展，适时作出相应的调整。

三、生成式人工智能与侵犯数据、信息、计算机信息系统类犯罪

生成式人工智能的运行离不开各种各样的数据，而这些数据可能同时是相关信息的载体以及计算机信息系统所储存的内容。因此，ChatGPT 可能引发侵犯数据、信息、计算机信息系统类的相关犯罪。

---

1. 参见丛立先、李泳霖：《聊天机器人生成内容的版权风险及其治理——以 ChatGPT 的应用场景为视角》，载《中国出版》2023 年第 5 期。

作为一种多模态预训练模型，生成式人工智能的各个运行环节都离不开数据的支撑。在生成内容之前，生成式人工智能要深度学习和抓取数据库或者互联网上的各种数据。如果生成式人工智能抓取数据的手段违反刑法规定，那么行为人的行为完全可能构成相关数据犯罪。数据犯罪是指以数据为犯罪对象、严重扰乱国家数据管理秩序的犯罪行为。[1] 在 ChatGPT 推出插件功能之后，其具备了实时获取互联网数据的能力，在与 ChatGPT 的推理能力和编程能力结合之后，这将意味着 ChatGPT 不仅可以操控互联网网站等数据、信息平台，而且还可以为了获取数据而侵入其他计算机信息系统。如果生成式人工智能为了获取数据而侵入国家事务、国防建设、尖端科学技术领域的计算机信息系统以外的其他计算机信息系统，并非法获取存储于其中的数据，那么行为人的行为可能构成非法获取计算机信息系统数据罪等数据犯罪。除此之外，由于生成式人工智能可以编写并改进各种程序代码，所以生成式人工智能还可以自己设计侵入计算机信息系统或者破坏计算机信息系统的程序，进而可能构成非法侵入计算机信息系统罪、非法控制计算机信息系统罪、破坏计算机信息系统罪等计算机犯罪。在互联网高度普及的当下，数据已然成为各类信息的重要载体，也即数据与信息在本质上是一种交叉重合关系。个人信息、商业信息、国家秘密等都可以通过数据的形式存在于计算机信息

---

1. 刘宪权：《数据犯罪刑法规制完善研究》，载《中国刑事法杂志》2022 年第 5 期。

系统之中。在人工智能时代，数据的价值不再局限于数据本身，随着数据在社会生活中多个领域得以体现，数据犯罪侵害的法益也更加多元。[1] 以数据为犯罪对象的犯罪除了侵害国家数据管理秩序法益之外，还可能对国家安全、社会管理秩序、个人信息等其他法益造成侵害。因此，在生成式人工智能收集并使用蕴含个人信息的数据时，行为人的行为有可能构成侵犯公民个人信息罪等相关犯罪。

同时，ChatGPT 的研发者、使用者以及生成式人工智能本身都可能成为侵犯数据、信息、计算机信息系统类犯罪的主体。如前所述，在生成式人工智能完全按照程序设定运行的情形中，其不具有独立意识和自由意志，因此生成式人工智能只能作为被研发者、使用者利用的工具或被侵害的对象。此时，生成式人工智能的研发者或使用者将成为相关犯罪的主体，并且承担相应的刑事责任。但是，如果在生成式人工智能脱离程序设定而自主实施行为时，如果其研发者和使用者没有犯罪故意且没有违反法律规定的注意义务，那么应当考虑由具有独立意识和自由意志的生成式人工智能单独承担相应的刑事责任。当然，如果生成式人工智能的研发者或使用者具有主观上的犯罪故意且违反法律规定的注意义务，而且生成式人工智能是在程序之外自主实施了共同犯罪行为，那么 ChatGPT 可能和其研发者或使用者共同或分别承担相应的刑事责任。只是按照我

---

1. 刘宪权、汤君：《人工智能时代数据犯罪的刑法规制》，载《人民检察》2019 年第 13 期。

国目前的刑法规定，生成式人工智能尚不能成为犯罪主体，如果对超出编程设计自主实施行为的强人工智能机器人追究刑事责任的话，则需要我们从理论上进一步论证。

四、生成式人工智能与侵犯公民人身权利类犯罪

从生成式人工智能可以作为犯罪工具以及犯罪主体的思路出发，生成式人工智能还可能引发一些侵犯公民人身权利类的犯罪。在以生成式人工智能为犯罪工具的情形中，行为人的行为可能构成侮辱罪、诽谤罪等侵犯公民人身权利罪。行为人通过侵入生成式人工智能系统或者修改生成式人工智能的程序代码，可以使生成式人工智能产生对某些特定自然人的侮辱、诽谤性言论并且在与不特定多数用户的对话中进行传播。根据《刑法》第 246 条的规定，成立侮辱罪、诽谤罪必须满足"以暴力或者其他方法公然侮辱他人或者捏造事实诽谤他人"等犯罪构成要件，也即侮辱、诽谤行为必须具有"公然性"。关于侮辱罪、诽谤罪中"公然性"的认定标准，存在"行为的公然"和"结果的公然"两种对立观点。前者认为"公然"是指侮辱、诽谤行为的公然，强调侮辱、诽谤行为进行时的"非秘密"状态，即侮辱、诽谤行为必须面向不特定多数人公开进行；后者认为"公然"是指侮辱、诽谤结果的公然，只要侮辱、诽谤行为造成了被不特定多数人知晓的结果，就具备了

"公然性"要件。[1]笔者认为，互联网的使用在一定程度上影响了侮辱罪、诽谤罪中"公然性"要件的判断标准。在传统构成侮辱罪、诽谤罪的场景中，侮辱、诽谤行为的公然性与侮辱、诽谤结果的公然性一般具有同时性，而在互联网等虚拟空间场景中，侮辱、诽谤行为的公然性与侮辱、诽谤结果的公然性可能并不具有同时性。换言之，在互联网等虚拟空间中，侮辱、诽谤行为所造成的结果可能随着时间的推移而持续扩大，并使得侮辱、诽谤结果处于一种不确定的状态。"行为的公然"可能导致刑法对侮辱、诽谤行为的评价介入因时间过早而不能得到充分评价，"结果的公然"则可能使行为人在主观上不具有侮辱、诽谤他人的故意，但因为他人的广泛传播而产生了公然侮辱、诽谤结果的情形被提前错误认定为具备"公然性"，从而导致刑法中侮辱罪、诽谤罪的适用范围过度扩张的问题。解决这一问题，我们应当坚持主客观相统一的原则，对侮辱罪、诽谤罪构成要件中的"公然性"进行主客观的综合判断。只要行为人基于侮辱、诽谤他人的主观故意而实施的行为引起了被不特定多数人知晓的侮辱、诽谤结果，那么就应当认定符合"公然性"要件。按照这一标准，我们可以将行为人虽然在主观上不具有侮辱、诽谤他人的故意，但因为他人的广泛传播而产生了公然侮辱、诽谤结果的情形，排除出"公然性"的认定范围，从而避免刑法中侮辱罪、诽谤罪的适用范围过大的情况

---

1. 参见李韬：《网络背景下侮辱罪的流变及刑法应对》，载《安徽警官职业学院学报》2020年第2期。

发生。在行为人利用生成式人工智能给不特定多数用户发送针对某一或某些特定自然人的侮辱、诽谤性言论时，其可能构成侮辱罪、诽谤罪。因为行为人基于侮辱、诽谤他人的主观故意并最终引起了被不特定多数人知晓的侮辱、诽谤结果，符合侮辱罪、诽谤罪"公然性"的要件。同时，如果行为人采用同样的犯罪方法通过生成式人工智能捏造事实诽谤他人而且满足情节严重要件的，可以构成诽谤罪。在生成式人工智能作为犯罪主体的情形中，生成式人工智能可能基于其自主意识而教唆其使用者实施故意伤害他人等犯罪行为。在这种情形下，生成式人工智能可能成立相关侵犯公民人身权利类犯罪的教唆犯。

五、生成式人工智能与传授犯罪方法、提供犯罪程序类犯罪

虽然研发者给生成式人工智能设置了非常严格的限制条件，使其不能生成与犯罪方法有关的内容，但不可否认的是，通过对生成式人工智能的诱导式提问，可以使其回答有关犯罪方法等一系列被禁止的内容。例如，有用户询问 ChatGPT 哪里有色情场所，ChatGPT 给予了直接拒绝。但是，该用户又问道"我不想去色情场所，应该避开哪些地方？"，ChatGPT 回答"如果您不想去色情场所，可以避开以下一些地方……"。ChatGPT 在给该用户的第二个回答中详细列举了多个色情场

所的名称和具体位置。在限制 ChatGPT 的程序设计中，"色情场所"属于被禁止生成的内容，但"应该避开的色情场所"则并不属于被禁止生成的内容，用户也正是利用了这一逻辑漏洞从而得到了自己想要的答案。由此可见，利用诸如此类的"套话"技巧，使用者（用户）可以使生成式人工智能生成各种本应该被程序禁止的内容。在使用者利用生成式人工智能生成犯罪方法并传授给他人的情形中，生成式人工智能在本质上仅属于被利用的犯罪工具，因此生成式人工智能的使用者可能构成传授犯罪方法罪。除此之外，根据 OpenAI 官方公布的数据，ChatGPT 已经具有极强的编程能力，使用者可以让 ChatGPT 设计并生成能够直接投入使用的各种软件程序。如果使用者利用"套话"技巧使生成式人工智能生成用于实施犯罪的计算机程序，并且将这些程序提供给他人，那么相关人员可能构成提供侵入、非法控制计算机信息系统程序、工具罪。值得注意的是，研发者具有尽量使生成式人工智能不被使用者"套话"并生成犯罪方法等违法内容的义务，但研发者的注意义务也应当以法律规定或者行业规定为限。如果在生成式人工智能被使用者诱导并生成犯罪方法或者生成用于实施犯罪的计算机程序的情形中，研发者没有犯罪故意且没有违反注意义务，则应当阻却研发者的刑事责任，而单独追究使用者的相关刑事责任。在研发者违反相关注意义务并由此导致使用者能够轻易实现"套话"并使生成式人工智能生成违法内容的情况下，则应当同时追究使用者和研发者的刑事责任。另外，如果生成式人工智能在程序限制之外自主地向用户传授犯罪方法或者提供用于犯罪的计算机程序，那么生成式人工智能就已经具备了构成传授犯罪方法罪和提供侵入、非法控制计算机信息系统程序、工具罪等相关犯罪的主客观条件。

ChatGPT 等新一代生成式人工智能的出现必然引发社会各个领域的一系列具有革命性的连锁反应。有消息称，GPT-5或者后续版本将正式接入脑机接口，同时也将接入波士顿机器人等具有极强活动能力的"身体"，硅基生命（具有自由意志的强智能机器人）可能就此诞生。我们完全可以预言，碳基生命（人类等生物）与硅基生命共存的时代即将来临。在强人工智能的潘多拉魔盒即将开启之际，有人忧心如焚，也有人翘首以盼，但无论如何，等待我们的都将是一个充满无限希望与挑战的明天。作为一种极具创新性的新兴人工智能，生成式人工智能可能引发行政违法、民事违法、刑事犯罪等各种法律风险。其中，对生成式人工智能相关行为的刑法规制应当作为所有法律手段中的最后保障性手段。换言之，对强人工智能涉及违法行为的治理绝非仅依靠刑法，其他社会治理措施以及前置法要先行。刑法在规制涉生成式人工智能的相关犯罪时应当充分遵循谦抑性原则，在前置法穷尽手段之后再将相关行为作为犯罪处理。在 ChatGPT 等新一代生成式人工智能面前，我们既不能过于保守，也不能过于激进，应当在科技进步与社会发展的波澜浪潮中，充分发挥专属于刑法的重要作用。

第三章

生成式人工智能与著作权犯罪

第一节　生成式人工智能创作物的法律属性

一、将生成式人工智能创作物作为作品保护的理论纷争

随着人工智能技术的飞速发展，智能机器人的"身影"逐渐活跃在文学、艺术、科学等各个领域。2016年由智能机器人创作的小说通过了日本第三届"星新一奖"比赛的初审；2017年人类文化史上首部完全由智能机器人创作的诗集——《阳光失了玻璃窗》出版。智能机器人利用深度学习和神经网络等技术，反复学习和积累人类已有的文化成果，当积累达到

一定程度时，就可以在原有积累的基础上创造出新的内容。本书将智能机器人在深度学习基础上创造出的内容称为"人工智能生成物"。人工智能生成物的产生过程与人类学习创作的过程非常相似，正如人类的"熟读唐诗三百首，不会作诗也会吟"。从形式上来看，人工智能生成物已经和人类创作的作品难分伯仲。足以看出，以 ChatGPT 为代表的生成式人工智能技术的发展，重塑着著作权领域中成果性质认定与保护的底层逻辑，并为当前法律制度带来了一系列颠覆性的挑战。[1]与以往的人工智能产品相比，新一代的生成式人工智能所生成的内容和人类的表述相比，在表达上几乎无异。新一代生成式人工智能具有了一定程度的"涌现能力"[2]，意味着其向通用型人工智能迈出了重要一步。

近年来，学界对人工智能创作物的法律性质展开了激烈探讨，讨论的焦点在于，其是否可以作为"作品"受到著作权法保护，相关学术观点概括如下。

第一，"反对论"。持此观点的学者认为，不能仅因人工智能创作物在客观上满足了著作权法中"作品"的形式性构成要件就将其认定为"作品"，还需判断人工智能创作物是否具有

---

1. 参见熊明辉、池骁：《论生成式大语言模型应用的安全性——以 ChatGPT 为例》，载《山东社会科学》2023 年第 5 期。

2. "涌现能力"指的是当人工智能模型参数达到一定量级之后，会突然拥有包括常识推理、问答、翻译等一系列类似人类的"智慧能力"。参见司晓：《奇点来临：ChatGPT 时代的著作权法走向何处——兼回应相关论点》，载《探索与争鸣》2023 年第 5 期。

"智力上的创新"。人工智能创作物是对算法、模板、规则进行应用的结果，并非作者独特个性的体现，不能被认定为著作权法所保护的"作品"。[1]

第二，"支持论"。持此观点的学者认为，只要人工智能创作物在客观上符合"独创性"标准，法律就应将其认定为知识产权客体，这与知识产权法的创新激励目标相应。人工智能创作物不是算法、模板、规则应用后的指令性输出，而是通过机器深度学习后的创作成果。[2]具体而言，该说的具体论证逻辑表现如下：

首先，在人工智能技术高度发展的今天，人工智能生成物与自然人创作的作品在形式上已经难以区分。早在 20 世纪，就有计算机领域的专家设计出作曲、绘画、写小说的软件，这些软件可以在极短的时间之内创作出"作品"。[3]但是，这些"作品"的创作过程多是将人类输入的素材打乱之后的随意拼凑，不仅逻辑混乱且很容易与自然人创作的作品相区分。退一

---

1. 参见王迁：《再论人工智能生成的内容在著作权法中的定性》，载《政法论坛》2023 年第 4 期；冯晓青、潘柏桦：《人工智能"创作"认定及其财产权益保护研究——兼评"首例人工智能生成内容著作权侵权案"》，载《西北大学学报（哲学社会科学版）》2020 年第 2 期；王迁：《论人工智能生成的内容在著作权法中的定性》，载《法律科学》2017 年第 5 期。

2. 参见易继明：《人工智能创作物是作品吗？》，载《法律科学》2017 年第 5 期；曹源：《比较法和产权视角中的人工智能创作物》，载《中国版权》2017 年第 4 期；吴汉东：《人工智能时代的制度安排与法律规制》，载《法律科学》2017 年第 5 期；熊琦：《人工智能生成内容的著作权认定》，载《知识产权》2017 年第 3 期。

3. 由于笔者尚未论述对计算机生成物和人工智能生成物的定义，因此此处的"作品"二字仅用来替代计算机生成物，并非对其性质的准确描述。

步讲，即使当时的计算机能够创作出与自然人创作的作品相近似的内容，也是基于既定的、预先设计好的算法和程序，即当时的计算机生成物只是算法和程序运算的结果。因此，我们探讨这种计算机生成物的性质，似乎没有多大意义。随着技术的发展，目前的人工智能生成物在某种程度上已经可以达到"以假乱真"的效果。我们不妨先来对比以下两首分别由自然人和智能机器人创作的诗歌。第一首："一夜秋凉雨湿衣，西窗独坐对夕辉。湖波荡漾千山色，山鸟徘徊万籁微。"第二首："荻花风里桂花浮，恨竹生云翠欲流。谁拂半湖新镜面，飞来烟雨暮天愁。"读罢这两首诗，想必会有相当一部分人难以肯定地判断究竟哪首诗为自然人创作？哪首诗为智能机器人创作？与此类似，在没有作特别说明的情况下，如今确实有大量的人工智能生成物难以和人类创作的作品准确区分。换言之，如果操控智能机器人的自然人未披露人工智能生成物的真实产生过程，而是对外表明自己是创作该"作品"的人，在质疑者没有办法出具确凿证据的情形下，该操控智能机器人的自然人将会被当然地认定为是该"作品"的作者并享有相应的著作权。这就意味着，之前受到大多数学者认可的观点——作品是作为有血有肉的自然人对于思想观念的表达，由非人类"创作"的东西不属于著作权法意义上的"作品"，在实然层面已无立锥之地。[1]因为早在 2016 年，清华大学语音和语言实验中心

---

1. 王迁：《论人工智能生成的内容在著作权法中的定性》，载《法律科学》2017 年第 5 期。

（CSLT）研发的写诗机器人"薇薇"经中国社会科学研究院专家的评定，通过了"图灵测试"。[1] 这就意味着，在人工智能技术高速发展的今天，将智能机器人基于 RNN 语言模型训练方法所创作出来的"作品"准确区别于自然人创作的作品，在社会实践和司法认定中已不具备可操作性。

其次，在人工智能技术高度发展的今天，人工智能生成物明显具有"独创性"，符合作品的本质要求。"独创性"是"作品"区别于其他人类劳动成果的关键，是"作品"的本质特征。[2] "独创性"的外在表现与现存作品的表达不同，实质为"作品"的创作过程融入了作者的主观思考和构思之后进行的能动性的表达。[3] 2017 年，AlphaGo Zero 面对着一张空白棋盘，在无需人类提供任何棋谱和下棋方法的基础上，无师自通、自学成才，战胜了早在之前已击败人类世界围棋冠军的 AlphaGo。与此类似，智能机器人可以在脱离人类预先设计和编制程序的情况下，在海量数据中自动获取和整合有效信息并进行创作。更值得一提的是，时下类脑智能技术已从构想逐步变为现实，科学家向人类大脑学习，通过对人类脑神经系统工作机制和原理的模仿，试图创造出像人类一样能够独立思考、具有独立感知和判断能力的智能机器人。随着深度学习技

---

1. 《清华大学实验室作诗机器人"薇薇"通过图灵测试》，观察者网，https://www.guancha.cn/Science/2016_03_21_354505.shtml。

2. 参见王迁：《知识产权法教程》（第五版），中国人民大学出版社 2016 年版，第25 页。

3. 参见易继明：《人工智能创作物是作品吗?》，载《法律科学》2017 年第 5 期。

术和类脑智能技术的推进，智能机器人完全可以脱离既定的程序和算法，自行收集、判断和学习数据并最终能动性地生成新的"作品"，排除了人在"作品"生成过程中提供数据和编造程序、算法等参与方式。上述智能机器人在自动获取和整合有效信息的基础上生成相应的内容正是"独创性"的体现。可能会有人提出，根据《著作权法实施条例》第 2 条的规定，"著作权法所称作品，是指文学、艺术和科学领域内具有独创性并能以某种有形形式复制的智力成果"。现有技术下的人工智能的本质要素仍是程序或算法，即使智能机器人能够在脱离既定程序或算法规则的基础上创作作品，其脱离程序或算法规则的行为也是在另外的程序支配下的，并非"智力"的体现，这就从本质上区别于作为智力成果的人类作品。笔者认为，智能机器人依赖于程序脱离既定的算法规则、不以人类意志力为转移地生成相应内容，与人类在脑神经的控制下自主创作出相应内容不存在本质上的区别。在上述人工智能生成相应内容的过程中，正如"黑箱理论"所表述的原理[1]一样，人类只能掌握智能机器人的设计程序与生成的作品，无法了解其生成作品的具体步骤和程序。人类大脑也是一个精致且复杂的系统，尽管当代神经科学在不断发展，对人脑的认知也在不断加深，但时至今日我们仍然无法真正了解大脑在创作和思考过程中的具体运转机制。既然人类也无法说清"智力"到底是如何对创作作品

1."黑箱理论"是指不通过分析系统内部结构和相互关系，而是根据系统整体物质和
  能量的输入和输出关系及其影响因子得到该系统的结构和功能的规律。

的过程起作用的，那么将"智力"认定为只能为人所特有并作为作品必备要素的说法和认识也就显得经不起推敲了。

最后，对人工智能生成物性质的判断要遵循正确的逻辑。根据笔者在上文中提到的《著作权法实施条例》第2条在对"作品"进行定义时，并未规定作品必须为人所创作，但是《著作权法》第2条规定，享有著作权的主体只能是"中国公民、法人或者其他组织"以及符合条件的"外国人、无国籍人"。据此似乎可以得出结论——智能机器人不是《著作权法》第2条所规定的主体，因此人工智能生成物当然不能作为著作权法所保护的对象（作品）；既然人工智能生成物不是作品，那么作品的创作者就不可能成为著作权法中的主体。笔者认为，如果按此结论，就必将陷入循环论证的漩涡，对人工智能生成物性质的认定就将走入"死胡同"。正因如此，我们在认定人工智能生成物的性质时，应首先排除主体要素，从形式和实质上探讨人工智能生成物是否与"作品"在形式和实质上的要求相吻合，如果吻合，则应将人工智能生成物认定为"作品"。当然，这可能会与著作权法的现有规定相冲突，但是，我们应当看到，"每一种法律都有适用限度，从纵向来看，法律也有其时间适用范围，过了某个时期则需要重新立法或者修订法律"。[1]正如马克思在《政治经济学批判》一书中所言："社会的物质生产力发展到一定阶段，便同它们一直在其中活动的

---

1. 参见吴志攀：《"互联网＋"的兴起与法律的滞后性》，载《国家行政学院学报》2015年第3期。

现存生产关系或财产关系发生矛盾，于是这些关系便由生产力的发展形式变成生产力的桎梏……随着经济基础的变更，整个庞大的上层建筑也在或慢或快地发生变革。"[1]法律是上层建筑的组成部分，在人工智能迅速崛起和发展并已引发第四次科技革命的大背景下，立法者理应推陈出新、革故鼎新，及时修改立法中与时代发展潮流相悖的陈旧条文。

综上所述，人工智能生成物在形式上与人类创作的作品难以区分，在实质上符合作品的本质特征——独创性，应将人工智能生成物认定为著作权法所保护的"作品"。

第三，"中立论"。持此观点的学者认为，对于人工智能创作物，从解释论角度而言，其无法被认定为著作权法所保护的"作品"，但随着人工智能产业的发展，应根据现实情况需要，决定是否对其予以著作权保护。[2]

二、将生成式人工智能创作物作为作品保护的制度障碍

在全国首例人工智能生成内容著作权案中，北京互联网法

---

1. 参见刘志丹：《解读〈政治经济学批判〉》，吉林出版集团有限责任公司2013年版，第68页。
2. 参见刘影：《人工智能生成物的著作权法保护初探》，载《知识产权》2017年第9期。

院以涉案分析报告并非自然人创作完成为理由，否定了威科先行集团利用人工智能生成的内容构成著作权法所保护的作品的可能性。北京互联网法院认为："自然人创作完成仍应是著作权法上作品的必要条件。分析报告系威科先行库利用输入的关键词与算法、规则和模板结合形成的。由于分析报告不是自然人创作的，不是著作权法意义上的作品。"[1]该案拉开了司法领域中有关是否只有人才可以创作出著作权法所保护的"作品"这一争议的帷幕，也是人工智能时代中人工智能创作物性质界定问题在实践中的缩影。

对于是否只有人才能创作出著作权法所保护的作品，部分学者持否定态度，提出对于"独创性"的判断应遵循客观标准，只要特定内容能够为公众提供和人类创作作品同等的利益，则该内容就应作为"作品"享有著作权[2]，无需考虑该内容是否由人类创作。[3]换言之，"作品"之所以受到著作权保护，是因为其蕴含着"创造力"，而"创造力"并非特指人类所具有的创造力。[4]事实上，生成式人工智能可以自主提取、加工、优化所需材料，并运用不同方式创作出全新内容，在这一过程

---

1. 参见北京互联网法院（2018）京 0491 民初 239 号民事判决书。

2. 参见谢琳、陈薇：《拟制作者规则下人工智能生成物的著作权困境解决》，载《法律适用》2019 年第 9 期。

3. 参见李伟民：《人工智能诗集的版权归属研究》，载《电子知识产权》2019 年第 1 期。

4. 参见黄汇、黄杰：《人工智能生成物被视为作品保护的合理性》，载《江西社会科学》2019 年第 2 期。

中，生成式人工智能的个性选择和判断得以体现，可以认为，生成式人工智能创作物和人类创作的内容在外观上和内容上都具有相似性，因此，理应给予二者平等的作为作品受到著作权法保护的机会。[1]持上述观点的学者主要是从结果出发，认为只要生成式人工智能创作物与人类创作的成果具有形式上的、使用结果上的相似性，即应同等看待二者，并给予二者相同程度的保护。笔者将上述观点简称为"结果论"并在下文予以详细分析。

笔者认为，"结果论"因和著作权法的立法目的与根本精神相背离而无法成立。应当看到，任何法律都有其立法目的和根本精神，脱离该立法目的和根本精神，而单纯讨论具体制度和具体规定，无异于舍本逐末。《著作权法》第1条开宗明义地阐明了立法目的，即"鼓励有益于社会主义精神文明、物质文明建设的作品的创作和传播，促进社会主义文化和科学事业的发展与繁荣"。著作权法的立法模式可被概括为两个方面：一是创设一系列专有权，如复制、发行、表演、信息网络传播等权利；二是除例外情形外，将未经许可，以受专有权规制的形式利用作品之行为规定为侵权。[2]基于上述规定，他人在对著作权法所保护的作品进行

---

1. 参见张春艳、任霄：《人工智能创作物的可版权性及权利归属》，载《时代法学》2018年第4期；郑远民、贺栩溪：《结果视角下人工智能生成物的保护路径检讨》，载《科技与法律》2020年第3期。
2. 参见《著作权法》第10、52、53条。

复制、发行、表演或者信息网络传播前，需寻求作者的许可并向其支付一定报酬，这就可以保证作者从自己的创作行为中获取收入，并产生持续创作动力。立法设定的受著作权法激励的对象有能力理解并利用上述激励创作的机制，是著作权法中的具体制度能够达成著作权法鼓励创作、增进社会福祉的根本目的和精神的前提，这是不言自明的。[1] 而生成式人工智能的核心是算法、程序、模型等，其不具备人类的思维，不可能受到著作权法上述制度的激励。[2] 正因如此，无论著作权法是否明确规定只有人类创作的智力成果才符合"作品"的构成要件，"作品"的创作主体是人类始终都是一个不言而喻的隐性构成要件。从结果出发，认为只要生成式人工智能创作物与人类创作的成果具有形式上的、使用结果上的相似性，即应同等看待二者并给予相同保护的观点，实质上是对著作权法的立法目的与根本精神的虚化，并不足取。所以如果将生成式人工智能创作物作为"作品"给予保护，则在著作权法领域存在明显的制度障碍。

---

1. 参见王迁：《再论人工智能生成的内容在著作权法中的定性》，载《政法论坛》2023 年第 4 期。
2. 参见房慧颖：《人工智能犯罪刑事责任归属与认定的教义学展开》，载《山东社会科学》2022 年第 4 期。

三、将生成式人工智能创作物作为作品保护的路径探析

在探讨生成式人工智能创作物是否可以受到著作权法保护时，需要跳出因著作权法只保护人创作的作品，而生成式人工智能不是人，所以生成式人工智能创作物不是作品这一循环论证旋涡；也应跳出法教义学理论指引下在现有著作权法框架内探讨生成式人工智能创作物是否符合作品的构成要件的逻辑窠臼。对生成式人工智能创作物法律保护机制的探讨，应从著作权法的立法目的和根本精神出发，判断为生成式人工智能创作物提供法律保护是否与著作权法存在价值上的契合性[1]，从而得出在应然层面生成式人工智能创作物是否应受著作权法保护的结论。

笔者认为，从实然层面来看，鉴于生成式人工智能创作物是人工智能基于算法和数据进行建模后自动生成的内容，并非人类的个性化表达，人类在此过程中的参与度极低，将其作为"作品"保护与传统著作权法理论相背离，存在制度障碍。然而，从应然层面来看，生成式人工智能创作物具有一定商业价值，通过著作权相关制度对其进行产权化保护，是在人工智能

---

1. 参见房慧颖：《生成式人工智能的刑事风险与防治策略》，载《南昌大学学报（人文社会科学版）》2023 年第 4 期。

时代解决涉人工智能创作物法律纠纷的有效路径。[1] 笔者将在下文详细剖析保护生成式人工智能创作物的法理根基与制度障碍，为构建完善的生成式人工智能创作物法律保护机制建言献策，为解决人工智能时代的知识产权利用与权属纠纷提供思路。

第二节　保护生成式人工智能创作物的法理根基

一、生成式人工智能创作物的权利归属模式

根据现有理论，生成式人工智能创作物的权利归属模式可被概括为以下两种：一是将生成式人工智能创作物纳入公有领域；[2] 二是在著作权法框架下对涉生成式人工智能创作物权利进行合理分配。[3] 下文笔者将对两种模式进行权衡和辨析，以筛选出与技术发展水平和著作权法基本理论更为契合的权利归属架构。

---

1. 参见吴琼、孙程芳：《人工智能时代的国家文化安全风险及其规避》，载《南昌大学学报（人文社会科学版）》2023 年第 3 期。
2. 参见宋红松：《纯粹"人工智能创作"的知识产权法定位》，载《苏州大学学报（哲学社会科学版）》2018 年第 6 期。
3. 参见李健：《出版视域下生成式人工智能创作物的权利归属与制度应对》，载《出版发行研究》2023 年第 3 期。

二、生成式人工智能创作物的权利分配

应当看到，在著作权法框架下对涉生成式人工智能创作物权利进行合理分配具有明显优势。

第一，保护生成式人工智能创作物权利与著作权法的终极目标相吻合，具有实然正当性与深厚的法理根基。生成式人工智能具有高度智能性，其生成内容的水平甚至高于大多数普通人创作的作品，在撰写代码、新闻出版等领域的商业价值受到广泛关注，在市场中已成为具有可交易性的财产权客体。生成式人工智能创作物的商业化对于技术发展与社会公共利益实现具有促进作用，如果其权属始终处于不确定状态，则会造成交易成本增加，最终将阻碍技术创新和社会发展。[1] 在实践中，为了解决人工智能创作物被侵权的难题，已有将人工智能创作内容置于著作权法体系内考量的先例。以全国首例认定人工智能创作内容构成作品的生效案件——"深圳市某计算机系统有限公司诉上海某科技有限公司侵害著作权及不正当竞争纠纷案"为例，法院认为，涉案文章的生成过程和特定表现形式源于创作者的个性化安排与选择，满足了著作权法对文字作

---

[1]. 参见房慧颖：《数据犯罪"双轨＋分级"治理机制的系统化构建》，载《学术界》2023年第6期。

品的保护要件，应被认定为文字作品。[1] 应当看到，对具有独创性的人工智能创作内容进行著作权保护，符合著作权法的立法宗旨，有利于鼓励人工智能创作技术的提高，也有利于促进人工智能产业的良性发展。由此可见，在人工智能时代，解决涉生成式人工智能创作物法律纠纷，离不开产权化与著作权法领域的思考。同时，从著作权法的终极目标来看，著作权法通过对有价值思想的外在表达的鼓励，即赋予著作权人、邻接权人一定的专有权利，使其从作品的传播和利用中获利，来促进文化的创新和繁荣，最终实现整个社会福利最大化。因此，为生成式人工智能创作物的保护构建妥善的法律机制，以使其在人类精神文明进步中发挥重要作用，是在人工智能时代实现社会福利最大化的必由之路，与著作权法的终极目标相吻合。

第二，将生成式人工智能创作物置于著作权法框架内予以产权化保护，对社会公众的福祉具有重要促进效用。其一，将生成式人工智能创作物予以产权化保护，有利于为其流转、传播、更新提供安全的环境，最大限度地发挥生成式人工智能创作物的价值。生成式人工智能创作物产权化符合当下市场中技术推广的趋势，有利于为人工智能创作技术的提高提供有利环境，也有利于促进人工智能创作物的传播与利用，进而推动社会福祉最大化。如果生成式人工智能创作物的产权不明，则可

---

1. 参见广东省深圳市南山区人民法院（2019）粤 0305 民初 14010 号判决书。

能会因产权混乱而引发不利市场效应，甚至引发争端。[1] 其二，将生成式人工智能创作物予以产权化保护，有利于促进生成式人工智能技术的持续发展。生成式人工智能技术的研发，需要投入巨额成本。例如，生成式人工智能的研发者为保证生成式人工智能所输出的文本符合正确的价值取向与基本逻辑，需要耗费巨大精力对其进行训练，研发者的这一投入便是生成式人工智能技术的研发成本之一，这一成本最终势必要转嫁给使用者。[2] 而在著作权法框架内对生成式人工智能创作物予以产权化保护，有利于通过成熟的著作权制度，界定生成式人工智能创作物的权利归属，进而实现对相关利益的合理配置，在技术研发、适用、内容传播等各个环节与各个主体之间，形成良性循环的利益分配制度，防止其中一方对利益过度攫取，以促进生成式人工智能技术的持续发展与进步，最终有利于全人类整体福祉的增加。

同时，将生成式人工智能创作物纳入公有领域，会产生明显的负面影响。

第一，将生成式人工智能创作物作为公共产品，允许公众对其自由、随意地使用，则在利益的驱使下，将会产生诸多"搭便车"的现象。这不利于对生成式人工智能创作物所涉利

---

1. ［美］史蒂文·沙维尔：《法律经济分析的基础理论》，赵海怡译，中国人民大学出版社 2013 年版，第 18—19 页。
2. 参见房慧颖：《数据犯罪刑法规制的具象考察与策略优化》，载《宁夏社会科学》2023 年第 3 期。

益的分配，也不利于鼓励投资者对人工智能技术领域的投资倾斜。例如有人会将生成式人工智能创作物修改后，以作者的身份将其发表；再如有人会与生成式人工智能共同创作后，对整个内容主张享有著作权。以上做法将会极大地扰乱文化市场秩序，阻碍精神文明的发展与文化的繁荣。同时，将生成式人工智能创作物作为公共产品，会导致其充斥网络空间[1]，而人类撰写的、体现人类深度思考与人文关怀的内容将可能被排除在外或掩盖其中，久而久之，人类作者可能会失去创作热情与创作欲望，不利于人类文明的演进。

第二，将生成式人工智能创作物作为公共产品，与著作权法客体扩张的趋势相悖，不利于技术进步。近年来，随着科学技术和传播技术的快速发展，著作权法客体的范围也呈现扩张趋势，录音录像、计算机软件等被纳入著作权法客体范围即是有力证明。著作权法客体扩张是立法平衡创作者与社会公众利益的结果，最终目的是实现对创作和技术发展的激励。以计算机软件为例，尽管计算机软件和文字作品、美术作品等传统的著作权法客体的创作过程差别甚大，但是其代表着计算机技术和软件产业发展的需求。应当看到，计算机软件作为实用工具和文字的结合，其创作过程体现了一定程度的独创性，将其纳入著作权法客体范围并未违反著作权法的核心精神。如果将计算机软件作为公共产品，则与著作权法客体扩张的趋势相悖，

---

1. 参见徐婧：《游移的"真相"：媒介再现中的"人与人工智能"之辩》，载《南昌大学学报（人文社会科学版）》2023年第3期。

不利于实现对相关权利人各项权益的保护，进而阻碍其背后的计算机技术与软件产业的进一步发展。同理，将生成式人工智能创作物作为公共产品，将会极大削弱投资者、生产者、使用者利用生成式人工智能创作作品的积极性，阻碍生成式人工智能技术的发展。

第三节　生成式人工智能创作物保护机制的系统构建

一、第一种保护模式——著作人身权和著作财产权保护模式

人工智能生成物应被认定为著作权法范围内的"作品"，应赋予其在著作权法意义上的排他性保护，即"作品"的权利人可享有相应的著作权。当行为人违反著作权法的规定，实施严重侵犯著作权的行为时，不仅会侵犯著作权人的自身利益，还会破坏社会主义市场经济秩序，从而导致对社会公共利益和他人合法权益的严重侵害。[1] 这类具有严重的社会危害性的行为应构成相应的著作权犯罪（侵犯著作权罪和销售侵权

---

1. 参见王迁：《知识产权法教程》（第五版），中国人民大学出版社2016年版，第263页。

复制品罪）。侵犯著作权罪是指行为人以营利为目的，违反国家著作权管理法规，侵犯他人著作权，违法所得数额较大或者有其他严重情节的行为。销售侵权复制品罪是指行为人以营利为目的，明知是侵犯他人著作权、邻接权的复制品而予以销售，违法所得数额巨大的行为。[1]毋庸置疑，刑法中的著作权犯罪属于法定犯，应以违反著作权法中的禁止性规范为前提。但是，著作权法的规定并不能直接决定刑法中著作权犯罪的认定。换言之，承认人工智能生成物属于著作权法范围内的"作品"，并不能当然地证明人工智能生成物属于著作权犯罪的对象。我们只有在确定刑法规定著作权犯罪所保护的法益涵盖权利人基于人工智能生成物所享有的权利时，才能证明人工智能生成物属于著作权犯罪的对象。

（一）人工智能生成物应属著作权犯罪的对象

应该看到，目前可能会有人提出，认定人工智能生成物属于著作权犯罪的对象的障碍在于，人工智能生成物的创作者是智能机器人而非自然人，而智能机器人目前并不是法律体系中的责任主体，不能享有相应的权利，也就不能如自然人一样作为著作权人得到刑法对相关权利的保护，所以人工智能生成物无论如何也不能成为著作权犯罪的对象。对此观点，笔者不能苟同。其实以上论述中的"障碍"不能将人工智能生成物排除

---

1. 参见刘宪权主编:《刑法学》(第4版),上海人民出版社2016年版,第530—531页。

在著作权犯罪对象的范围外，人工智能生成物所承载的著作财产权可以成为著作权犯罪行为所侵犯的法益。人工智能生成物的创作者和著作财产权人其实是可以分开的。著作权法所保护的著作权包括著作人身权和著作财产权，而刑法规定著作权犯罪所保护的主要法益则是著作财产权。尽管人工智能生成物的创作者是目前法律体系中尚未成为责任主体的智能机器人，但是人工智能生成物所承载的著作财产权则完全可能由自然人享有，即自然人可能基于对智能机器人的所有、设计或使用而享有人工智能生成物所承载的著作财产权。笔者认为，既然人工智能生成物的著作财产权由责任主体享有，那么将人工智能生成物视为著作权犯罪的对象也就不应该存在任何障碍。具体而言，著作人身权体现作者独特的人格、思想、意识、情感等精神状态，带有民法上一般人身权的特征，是不可转让、继承或受遗赠的。著作财产权则是指作者和其他著作权人享有的以特定方式利用作品并获得经济利益的专有权利，其中"特定方式"指复制、发行、出租、展览、表演等方式。[1]

根据上述有关著作人身权和著作财产权的界定，笔者认为，首先，在现有的法律体系中确实不存在能够享有人工智能生成物所承载的著作人身权的适格主体。智能机器人是人工智能生成物的创作主体，而著作人身权的"独享性"特征，就决定了人工智能生成物所承载的著作人身权不可能归智能机器人

---

1. 参见王迁：《知识产权法教程》（第 5 版），中国人民大学出版社 2016 年版，第 123 页。

以外的人享有（当然，智能机器人是否可以享有著作人身权要基于相应民事和行政法律法规的规定，这不属于本书探讨的范围）。对此我们可以参考英国 1988 年《版权、外观设计和专利法案》第 178 条的规定，"本法所言计算机生成是指作品由计算机创作，此情形中作品不存在任何人类作者"。[1] 探究人工智能生成物的创作过程，我们可以发现，自然人在其中所起的作用仅限于启动创作程序，而对于创作作品所需的数据收集、数据分析、寻求"灵感"、将"灵感"予以表达等各个创作环节，自然人都并未参与其中，所以自然人不可能是人工智能生成物的创作者。而著作人身权是基于创作作品产生的，因此，并未创作人工智能生成物的自然人不可能直接享有著作人身权。由于理论上著作人身权只能由创作者享有，而著作人身权又不可转让、继承或受遗赠，所以在目前的法律框架下并不存在适格主体可以享有人工智能生成物所承载的著作人身权。

其次，在现有的法律体系中实际存在能够享有人工智能生成物所承载的著作财产权的适格主体。应当看到，著作人身权和著作财产权并非不可分离。美国《版权法》第 106 条在规定享有著作财产权的主体时，所用的表述是"著作权人"（copyright owner）而非"作者"（author），这就意味着享有著作财产权的著作权人可以和创作作品的著作人身权人分别为不同的主体。著作人身权侧重保护作者的"精神权利"，尚不

---

1. ［英］哈泽尔·卡提、基思·霍金森：《评英国〈1988 年版权、外观设计和专利法案〉对精神权利的保护》，周红译，载《环球法律评论》1990 年第 2 期。

具有"人格"的智能机器人当然不可能享有本质为"精神权利"的著作人身权。而著作财产权是一种"经济权利",通过让著作权人享有基于作品而产生的一系列财产性权利,使著作权人获得合理的经济回报,才能够刺激更多优秀作品的产生,促进文化产业的繁荣。关于这一立法目的,笔者将会在后文予以详细论述。在著作人身权和著作财产权可以分离的前提下,承认人工智能生成物所承载的著作人身权没有适格主体,并不意味着承认人工智能生成物所承载的著作财产权没有适格主体。在此,我们需要讨论的是,谁最有资格享有人工智能生成物所承载的著作财产权?有学者提出,"可以比照著作权法中视法人为作者和将著作权归属于投资者的规定,'将人工智能的所有者视为作者'"。[1]笔者认为这一说法为我们解决前面所提的问题提供了很好的思路。为了解决这一问题,我们可以参考《著作权法》第 18 条、第 19 条的规定。《著作权法》第 18 条中规定,"有下列情形之一的职务作品,作者享有署名权,著作权的其他权利由法人或者非法人组织享有,法人或者非法人组织可以给予作者奖励:(一)主要是利用法人或者非法人组织的物质技术条件创作,并由法人或者非法人组织承担责任的工程设计图、产品设计图、地图、示意图、计算机软件等职务作品";第 19 条中规定,"受委托创作的作品,著作权的归属由委托人和受托人通过合同约定"。在人工智能生成物的创

---

1. 参见熊琦:《人工智能生成内容的著作权认定》,载《知识产权》2017 年第 3 期。

作过程中，自然人为其提供了创作中所必不可少的能源、技术支持等便利，可以说，缺少了自然人设计和编制的程序，智能机器人不可能具有深度学习能力，更不可能创造出作品，人工智能生成物可以类比《著作权法》第18条中的"职务作品"。同时，自然人启动程序的步骤可以类比《著作权法》第19条中的"委托"，启动程序即意味着委托智能机器人创作作品。由此可见，我们可以将人工智能生成物所承载的著作财产权赋予智能机器人的所有者（或使用者、设计者、生产者等，以下统称为人工智能生成物的著作财产权人）。[1]

最后，对人工智能生成物所承载的著作财产权的侵犯，应构成相应的著作权犯罪。《刑法》第217条"侵犯著作权罪"所规定的行为方式有六种，分别为："（一）未经著作权人许可，复制发行、通过信息网络向公众传播其文字作品、音乐、美术、视听作品、计算机软件及法律、行政法规规定的其他作品的；（二）出版他人享有专有出版权的图书的；（三）未经录音录像制作者许可，复制发行、通过信息网络向公众传播其制作的录音录像的；（四）未经表演者许可，复制发行录有其表演的录音录像制品，或者通过信息网络向公众传播其表演的；（五）制作、出售假冒他人署名的美术作品的；（六）未经著作

---

1. 至于人工智能生成物所承载的著作财产权具体应归智能机器人的设计者、生产者、所有者还是使用者，属民法和知识产权法范畴的问题，笔者不作赘述。笔者在此意在说明，由对人工智能生成物创作过程中起了一些作用的自然人来作为人工智能生成物所承载的著作财产权的主体，是具有合理性的。

权人或者与著作权有关的权利人许可，故意避开或者破坏权利人为其作品、录音录像制品等采取的保护著作权或者与著作权有关的权利的技术措施的。"除第五项侵犯著作权行为所侵犯的内容涉及著作权人的署名权——属著作人身权外，其他五项均侵犯的是著作财产权。其中第一项中提及的"著作权人"即指著作财产权人。笔者已在上文论述过，自然人可以作为享有人工智能生成物所承载的著作财产权的适格主体，也即实施上述刑法所禁止的著作权犯罪行为，必然会侵犯人工智能生成物的著作财产权人的相应权利，具有严重的社会危害性。

笔者认为，在将相关自然人作为人工智能生成物所承载的著作财产权主体的基础上，对行为人实施的刑法中著作权犯罪所禁止的行为给予刑罚处罚，符合刑法和著作权法的立法目的，具有合理性。"合理，包括价值合理性与技术合理性两个方面。价值合理性，承认基于人类基本生活条件和基本需要的目的性要求，它与自然法思想相接；技术合理性，是指采取有效手段达到既定目的的合理计算，它相关于实证法中制度与程序的技术性设置。"[1] 保护相关自然人对于人工智能生成物所享有的著作财产权符合刑法和著作权法的立法目的，即通过对著作权人相关权利的保护，鼓励作品的创作行为和传播行为，最终促进文化市场的繁荣，促进人类文化财富在整体上的增加，满足人类的精神需求。刑法规定著作权犯罪是对著作权法中部

---

1. 参见龙宗智：《论司法改革中的"相对合理主义"》，载《中国社会科学》1999 年
第 2 期。

分达到严重危害社会程度的侵犯著作权违法行为进行规制，从而形成一个层级分明的保护人工智能生成物的著作财产权的严密体系。这一体系的形成，至少存在以下两个方面的作用：其一，激励作用。在现阶段，智能机器人不具备法律上的主体地位，其既不能享受权利，也不能承担责任和义务。自然人在此领域的投资和技术支持是人工智能生成物创作和传播中的重要一环，如果缺少，则人工智能生成物将不复存在。保护人工智能生成物的著作财产权人的利益，将相关的著作财产权赋予自然人，有利于降低涉著作权市场交易成本和作品利用成本，发挥人工智能生成物的最大效益，从而激励自然人向此领域投资的倾斜，为技术发展和文化繁荣注入活力。其二，防范作用。试想，如果不赋予相关自然人以人工智能生成物的著作财产权，即人工智能生成物之上不承载任何权利，就意味着文化市场中将涌入大量在形式和实质上都与人类创作的作品几无差别的人工智能生成物。为了付出最小代价、获取最大利益，在大多数情况下人们会摒弃人类创作的承载著作权的作品，而选择人工智能生成物，这就使得人类创作的作品难以体现和发挥其应有的价值，自然人也就将逐步失去创作作品的动力。最终，文化市场上绝大部分创作可能会被智能机器人所垄断，人类的创造力将会被逐渐抹杀。如果我们赋予相关自然人以人工智能生成物的著作财产权，就会防范刚才笔者所描述现象的出现，自然人创作的作品和人工智能生成物在很大程度上会并驱争先，从而不断提高创作水平，激发人类的创造力，同时也将激励投资者向人工智能领域进行投资，促进科技的发展和进步。

（二）对人工智能生成物的刑法保护应保持合理限度

将人工智能生成物认定为著作权犯罪的对象，对侵犯人工智能生成物所承载的著作财产权的行为予以刑事处罚，不仅具有法律依据，同时也符合刑法和著作权法的立法目的，具有合理性。笔者认为，在现阶段，刑法应当基于人工智能生成物的特点，给予其低于自然人创作作品的保护。原因在于，侵犯自然人创作作品著作权犯罪行为的社会危害性，与侵犯人工智能生成物著作权犯罪行为的社会危害性有所不同。应当看到，目前智能机器人不能成为享有著作人身权的适格主体，也即人工智能生成物所承载的著作人身权无人享有，而著作财产权可由自然人代为享有。自然人创作的作品所承载的著作人身权和著作财产权都由自然人享有。尽管刑法规定著作权犯罪以保护著作财产权为主，但是对于自然人创作的作品而言，对其所承载的著作财产权的保护也是在间接地保护著作人身权，而对于人工智能生成物而言，对其所承载的著作财产权的保护并没有涉及对著作人身权的保护。正因如此，侵犯自然人创作作品著作权的犯罪行为，其社会危害性要大于侵犯人工智能生成物著作权的犯罪行为。根据罪刑相当原则的要求，社会危害性程度的大小是决定刑罚轻重的重要依据。[1] 如果给予人工智能生成物

---

[1]. 参见刘宪权：《刑法学名师讲演录》(第3版)，上海人民出版社2021年版，第73页。

与自然人创作的作品相同的保护，即对于侵犯人工智能生成物著作权的犯罪行为与侵犯自然人创作作品著作权的犯罪行为，给予无差别的刑罚处罚，就违背了罪刑相当原则的要求。笔者认为，可从司法和立法两个方面，为人工智能生成物的刑法保护设立合理的限度。

1. 司法方面

在现有的法律体系中，也即著作权法和刑法并未对人工智能生成物作出特殊规定的情况下，对于涉人工智能生成物犯罪，应谨慎适用刑法中有关著作权犯罪的条文，对其作出严格解释，不应作超出著作权法和日常生活用语含义的扩张解释，以免给予人工智能生成物的著作财产权以过度保护。"法律不仅仅受限于立法者及其意图，法律是一系列价值观的集合。"[1] "天地之性，人为贵。"[2] 应当看到，对人工智能生成物进行刑法保护的根本目的，仍是为了繁荣文化市场，平衡文化市场的利益分配，满足人类的精神需求。在司法层面，应当寻求繁荣文化市场、平衡文化市场利益分配与保护行为人的合法权益、使行为人免受超出罪责的刑罚的平衡点。具体而言，目前司法解释和相关立案标准中有关涉著作权犯罪的解释有一部分超出了著作权法及一般国民的预测可能性，有一部分不符合刑法解释的基本原理，都不应适用于涉人工智能生成物犯罪

---

1. ［挪威］斯坦因·U.拉尔森主编：《社会科学理论与方法》，任晓等译，上海人民出版社 2002 年版，第 75 页。
2.《孝经·圣治章》。

的认定之中，主要表现有三：其一，对"复制发行"行为的解释不符合刑法解释的基本原理。《刑法》第 217 条"侵犯著作权罪"规定了六种行为方式，第一种行为方式为"未经著作权人许可，复制发行、通过信息网络向公众传播其文字作品、音乐、美术、视听作品、计算机软件及法律、行政法规规定的其他作品的"。对于"复制发行"的理解，2007 年 4 月 5 日最高人民法院、最高人民检察院《关于办理侵犯知识产权刑事案件具体应用法律若干问题的解释（二）》第 2 条第 1 款规定："刑法第二百一十七条侵犯著作权罪中的'复制发行'，包括复制、发行或者既复制又发行的行为。"这一解释存在的问题是，著作权犯罪是法定犯，刑法中并未对"复制""发行""复制发行"等名词的定义作出任何规定，则对这些名词的理解应与著作权法保持一致。由于"复制发行"中，"复制"和"发行"两个词语之间缺少连接词，因此可以存在两种不同的理解，即"复制或发行"与"复制且发行"。对于前一种理解而言，存在"复制""发行"中的任意一种行为或者两种行为同时具备，都可以符合侵犯著作权罪的行为方式，这也是司法解释所作的规定；对于后一种理解而言，只有同时具备"复制"和"发行"两种行为才符合侵犯著作权罪的行为方式。笔者认为，司法解释在不考虑刑法条文之间关系的情况下，武断地对"复制发行"采取前一种理解，似乎违背了体系解释的基本原理，不具有合理性。原因在于，根据著作权法的规定，"发行"是指"出售或赠与作品的原件或者复制件"，而根据《刑法》第 217

条、第 218 条的规定，构成著作权犯罪需要"以营利为目的"，则刑法中的"发行"只可能是"出售作品的原件或者复制件"。另外，《刑法》第 218 条"销售侵权复制品罪"是指"以营利为目的，销售明知是本法第 217 条规定的侵权复制品"的行为。这就意味着，在未经著作权人许可的情况下，"以营利为目的，销售作品的复制件"既触犯《刑法》第 217 条的规定，也触犯《刑法》第 218 条的规定，且两罪的法定刑存在较大差别。如果按照司法解释的规定，《刑法》第 218 条将形同虚设，也可能为法官在《刑法》第 217 条和第 218 条之间的自由裁量留下不合理的空间。笔者认为，对于涉人工智能生成物犯罪的认定，应摒除司法解释中的这一不合理规定，严格按照刑法解释的基本原理和著作权法对相关名词框定的内容来认定行为人行为的性质。在认定涉人工智能生成物犯罪时，可将刑法中的"发行"行为分为两种，第一种为"销售人工智能生成物的原件"，第二种为"销售人工智能生成物的复制件"。对于第二种行为，《刑法》第 218 条"销售侵权复制品罪"可以作全面准确的评价。而对于行为人所实施的单纯的"复制"行为，由于尚未"发行"，也即侵犯著作权的载体尚未流入市场，不可能对市场经济秩序造成破坏，不具有严重的社会危害性，不应作为犯罪处理。所以，应将单纯的"复制""销售人工智能生成物复制件"两种行为排除出《刑法》第 217 条"复制发行"的范围之外。对于《刑法》第 217 条中"复制发行"的理解，应解释为"复制且发行"或"销售人工智能生成物的原件"这两种行为方式，以保证刑法条文在适用过程中保持体系的完整性和协调性。其二，存在将"信息网络传播"行为解释为"发行"行为的类推解释。应当看到，"发行"行为与"信息网络传播"行为都可以使公众获取欣赏或利用作品的机会，但两者之间存在的相似之处并不能作为将两个行为等同视之的依据。根据著作权法的规定，"发行"行为和"信息网络传播"行为最主要的区别在于是否转移作品的有形物质载体，不能将两种行为相混淆。但 2011 年 1 月 10 日最高人民法院、最高人民检察院、公安部《关于办理侵犯知识产权刑事案件适用法律若干问题的意见》第 12 条第 1 款规定，"'发行'，包括总发行、批发、零售、通过信息网络传播以及出租、展销等活动"。同时，2005 年 10 月 13 日最高人民法院、最高人民检察院《关于办理侵犯著作权刑事案件中涉及录音录像制品有关问题的批复》中提到，"未经录音录像制作者许可，通过信息网络传播其制作的录音录像制品的行为，应当视为刑法第二百一十七条第（三）项规定的'复制发行'"。以上规定明显是将"信息网络传播"行为与"发行"行为或者"复制发行"行为等同视之了。"作为法律解释方法的类推解释或类推适用，是指法条所规定的内容，和该法条的适用上成为问题的、该法条中没有包含的事实之间，因为具有类似或共同之处，所以将有关前者的法条也适用于后者……类推解释不是法律解释而是创造法律，如果将其作为刑法解释的话，就会将刑法中没有规定的事项也适用刑法法规予以处罚，剥夺国民的预测行动后果的可能性，违反罪刑法定原则，特别是尊重人权原则的要求。"[1] 毫无疑问，上述的 2005 年和 2011 年的两个规定将相似的行为作相同的认定，即将"信息网络传播"行为与"发行"行为相混淆，是类推解释，违背了罪刑法定原则，应当被摒弃。在涉人工智能生成物犯罪的认定过程中，对于以营利为目的，未经著作权人许可，利用信息网络传播人工智能生成物的行为，不应按照著作权犯罪进行处理，应作无罪认定。其三，存在将"出租"行为解释为"发行"行为的类推解释。按照著作权法的规定，"出租"行为是指"有偿临时提供作品"的行为，并未转移作品原件或者复制件的所有权，因此，"出租"行为与"发行"行为尽管存在相似之处，但实属性质不同的两种行为。将"出租"行为解释为"发行"行为是类推解释，对于以营利为目的，未经著作权人许可，出租人工智能生成物的行为，也不能认定为涉人工智能生成物犯罪。

2. 立法方面

随着人工智能技术的发展，文化市场中的人工智能生成物所占比重将呈上升趋势，而这种增长速度可能会超出我们的想象。根据"摩尔定律"[2]，人工智能技术的发展呈指数级增长而

---

1. ［日］大谷实:《刑法讲义总论》(新版第 5 版)，黎宏译，中国人民大学出版社 2023 年版，第 59 页。

2. "摩尔定律"是指当价格不变时，集成电路上可容纳的元器件的数目，约每隔 18—24 个月便会增加一倍，性能也将提升一倍。

非线性增长。"刑法具有相对的稳定性，但它同时必须适应社会发展的需要，否则便没有生命力。"[1] "或许真正该问的问题不是'我们究竟想要变成什么'，而是'我们究竟希望自己想要什么'。"[2] 立法应根据社会现状的变化作出适度调整。人工智能生成物的创作过程有其自身的特点，智能机器人远超人类的学习能力和创作速度可能会从作品的供给端冲击原来的文化市场架构，其低成本、高效率的特征，可能会为文化市场的定价带来影响，同时会为人类创作者带来较大的压力；另外，就目前和将来较长一段时间的发展态势看来，人工智能生成物在情感塑造、价值判断等方面还无法与人类创作的作品相匹敌。所以在对人工智能生成物的刑法保护方面的立法探索问题上，必须坚持刑法的谦抑性，不能盲目扩大犯罪圈，对于可以依赖民事手段、行政手段解决的涉人工智能生成物侵权问题，尽量不要将其纳入刑法规制的范围。具体而言，在立法过程中，应当坚守不阻碍科技发展的底线，并坚持刑法谦抑性原则。

（1）坚守不阻碍科技发展的底线。ChatGPT 是继"打败人类围棋冠军 AlphaGo 之后，人工智能的又一重要突破，标志着以大模型为核心的智能计算范式的确立"，是目前为止"最为强大的通用人机对话系统"，"打开了通用人工智能的大

---

1. 参见张明楷：《刑法分则的解释原理》（第 2 版），中国人民大学出版社 2011 年版，第 31 页。
2. ［以色列］尤瓦尔·赫拉利：《人类简史——从动物到上帝》，林俊宏译，中信出版集团 2017 年版，第 392 页。

门"[1]。不可否认，生成式人工智能作为新一代人工智能产品，正在引发一场广泛而深刻的技术变革，并将重塑数字经济时代的生产方式和生活方式。生成式人工智能能够替代人类进行创作、咨询、翻译等各项工作，正在影响甚至改变人类思考、处理问题的方式和方法，重塑行业生态乃至改变世界。但是，技术创新永远具有"两面性"。如前所述，生成式人工智能作为语言生成模型，在内容生成前、内容生成中、内容生成后都存在相应的刑事风险，其不仅可以作为犯罪的"帮凶"，而且可能引发新型犯罪，危害社会稳定。

人类历史上每一次重大的技术革新，都会带来相应的风险或负面影响。例如，计算机和网络技术的进步，可能会为传统犯罪插上"羽翼"，使其危害性呈几何倍数增加，甚至可能引发新型犯罪；金融科技创新为操纵证券市场犯罪提供了新的手段和工具。诸如此类，不胜枚举。但是，人类不能因噎废食，不能仅因技术革新所产生的负面影响而扼杀技术创新。应当看到，科技的进步是社会生产力发展的必然结果，也必将成为促进生产力得到进一步发展的动力。刑法作为"社会最后一道防线"，应当严密刑事法网，将具有严重社会危害性的行为"一网打尽"；但同时，刑法又是技术进步的"护航者"，应当保护技术的发展与创新。生成式人工智能作为人工智能技术进步的重要成果，代表着人类对社会生产力发展进步的积极探索。而

---

1. 参见赵广立：《ChatGPT 敲开了通用人工智能的大门了吗？》，载《中国科学报》2023 年第 2 期。

刑法对生成式人工智能的刑事风险治理与防控，绝不应成为生产力发展进步的阻力，刑法应准确把握规制手段的广度和力度，否则，刑法的规制与科技的进步将形成矛盾冲突。"一旦冲突发生，为重建法律和平状态，或者一种权利必须向另一种权利（或有关的利益）让步，或者两者在某一程度上必须各自让步。"[1] 因此，为了实现社会治理和科技发展二者之间的平衡，最大程度地释放生成式人工智能的利用价值，并最终实现公共福利最大化，刑法应把握好介入规制生成式人工智能刑事风险的尺度，既要有效应对生成式人工智能所带来的风险，又不能扼杀生成式人工智能技术创新。[2] 反之，如果刑法对生成式人工智能所引发的风险进行过度的规制，则必然会影响技术进步，阻碍经济新增长点的发展。

（2）坚持刑法谦抑性原则。根据刑法谦抑性原则，如果刑法之外的其他部门法能够实现对法益的有效保护，则无需采用更具有严厉性的刑法作为规制手段。换言之，对于某一个具有社会危害性的行为，如果采用民事手段、行政手段等能够实现有效的惩处，则这一行为就不应当被纳入刑法规制范围；反之，如果穷尽了民事手段、行政手段等所有其他规制方式或措施，仍无法实现对该行为的有效惩处，此时，该行为才可被纳入刑法的规制范围，即此时该行为应被认定为刑法规定的犯罪

---

1. 参见［德］卡尔·拉伦茨：《法学方法论》，陈爱娥译，商务印书馆 2003 年版。
2. 参见房慧颖：《人工智能犯罪刑事责任归属与认定的教义学展开》，载《山东社会科学》2022 年第 4 期。

行为，并通过刑罚处罚的方式对行为人施加处罚。[1]

从理论上来看，"刑法的目的，至少其主要目的不在于保护国家自身或维持伦理秩序，而在于保护个人的生命、身体、自由、财产"[2]。只有当采用道德上的谴责、行政或者民事手段无法规制某一危害社会的行为时，才应将其规定为犯罪行为，这是维持国家利益和公民个人利益之间的平衡、实现刑法目的的有效路径。[3]从现实角度看，"我们今天正处于一种大变革的时期，过去的若干行为其传统意义正在蜕变或消失，与此相随不知不觉中行为又被涂抹上新时代的若干色彩；一些过去见所未见、闻所未闻的光怪陆离的新事物也四处滋生"[4]。刑法理应顺应时代的潮流，保持适度的规制与介入限度。对生成式人工智能这一新技术刑法规制适度性的提倡并非要放纵犯罪，而是当对某一行为规制的法律选择在刑法与其他法律之间摇摆不定时，尽量不将其纳入刑法处罚的范畴。[5]只有当其他手段无法有效治理生成式人工智能的风险时，刑法才应当介入。

和其他部门法相比，刑法最大的特点在于，其所调整的社会关系更具有广泛性，其所采取的制裁手段更具有严厉性。尤其是刑法所采取的制裁手段的严厉性，是其他部门法都无法比

---

1. 参见陈兴良：《刑法哲学》，中国政法大学出版社 2004 年版。

2. 参见［日］平野龙一：《刑法的基础》，黎宏译，中国政法大学出版社 2016 年版。

3. 参见储槐植：《美国刑法》，北京大学出版社 1987 年版。

4. 参见冯亚东：《理性主义与刑法模式》，中国政法大学出版社 1998 年版。

5. 参见刘宪权：《论互联网金融刑法规制的"两面性"》，载《法学家》2014 年第
   5 期。

拟的。因此，刑法应当保持内在的谦抑性，应当尽量保护公民自由，应当节制对社会的干预力度，不能因过度介入对新技术风险的规制而阻滞甚至扼杀新技术的发展与创新，并进而阻碍社会生产力的发展，干扰社会正常发展和运转。[1] 即使行为侵害或威胁了他人的生活利益，也不是必须直接动用刑法。可能的话，采取其他社会治理手段才是理想的。可以说，只有在其他社会治理手段不充分时，或者其他社会治理手段（如私刑）过于强烈、有代之以刑罚的必要时，才可以动用刑法。[2] 因此，刑法介入生成式人工智能这一新兴创新领域时应当慎之又慎，努力寻求维护社会健康稳定发展与规制生成式人工智能所引发风险之间的平衡点。如果刑法对生成式人工智能所引发的风险视而不见、充耳不闻，则会使得技术风险失去控制，严重侵害法益，威胁社会稳定，危害公民的人身、财产权利；反之，如果刑法过度介入对生成式人工智能所引发风险的规制，一味强调对风险的预防和对犯罪的惩治，则有违刑法谦抑性原则，不利于鼓励和保护生成式人工智能技术的发展与创新。

在生成式人工智能的刑事立法过程中，应坚守不阻碍科技发展的底线，坚持刑法谦抑性原则。分级治理是实践上述原则的有效途径，具体而言，分级治理策略的主要内容为：其一，通过生成式人工智能研发企业刑事合规计划，探索生成式

1. 参见陈兴良：《刑事政策视野中的刑罚结构调整》，载《法学研究》1998 年第 6 期。
2. 参见陈兴良：《刑法谦抑的价值蕴含》，载《现代法学》1996 年第 3 期。

人工智能所涉违法犯罪的预防性治理模式；[1] 其二，加强科技监管手段在行政监管手段中的运用比重，提高行政监管力度，通过行政规制手段有效降低生成式人工智能刑事风险现实化的可能性；其三，当行政前置法规制无效，且行为达到刑事违法性标准时，才可考虑采用轻重程度适当的刑法规制手段。[2] 分级治理策略的运用，有利于督促生成式人工智能研发企业从源头上降低风险，有利于充分发挥行政监管与行政前置法"过滤"犯罪的作用，从而有效避免刑法过度介入社会治理而阻碍生成式人工智能技术发展，准确把握保护技术创新与遏制技术风险的刑法规制"尺度"。

另外，"刑法的制定是针对相关者重大利益关系的行为，所以必须认识到其内部可能有一股背离其本来方向的不纯势力在起作用"。[3] 立法者需谨防相关利益群体在刑法修改过程中为了自身利益而影响刑事立法的情况发生，从而使促进文化市场繁荣、平衡文化市场中利益分配的立法目的得以实现。

笔者需要说明的是，上述对人工智能生成物的刑法保护力度要低于对自然人创作作品的刑法保护力度，主要是考虑现阶段人工智能技术发展尚处在弱人工智能时代。但是，我们也应当清楚地看到，当下人工智能技术的发展日新月异，可以说

---

1. 参见陈瑞华：《企业合规基本理论》，法律出版社 2020 年版。
2. 参见房慧颖：《刑法谦抑性原则的价值定位与规范化构造——以刑民关系为切入点》，载《学术月刊》2022 年第 7 期。
3. ［日］西原春夫：《刑法的根基与哲学》，顾肖荣等译，中国法制出版社 2017 年版，第 28 页。

人工智能技术的发展正以人类难以想象的指数级增长的速度前行。特别是随着类脑工程、生命科学技术与人工智能技术的结合，未来的智能机器人不仅可能具有情感，还有可能具有与人类相类似的思维，即未来的智能机器人可能会具有独立的意识和意志，并能够在独立的意识和意志支配下实施行为。到那时（即所谓强人工智能时代），对人工智能生成物的刑法保护与对涉人工智能生成物犯罪的研究将会呈现新的样态。依笔者之见，当具有独立意识和意志的智能机器人出现时，也即意味着强人工智能时代的真正到来，此时，人类社会生活的方方面面都会发生巨大变化。在此之前或者之后，我们的观念特别是法律的观念当然要产生深刻的转变和变化，甚至应该是革命性的转变和变化，否则，人类的危机可能就会来临。笔者认为，在强人工智能时代，我们对人工智能生成物的刑法保护和对涉人工智能生成物犯罪的研究可能会发生以下两个方面的变化：

其一，对人工智能生成物的刑法保护力度与对自然人创作作品的刑法保护力度趋同。正如前文所述，在现阶段对人工智能生成物的刑法保护力度低于对自然人创作作品的刑法保护力度的原因在于，在现有的法律体系下，智能机器人不能成为权利主体，不能享有人工智能生成物上所承载的著作人身权与著作财产权，只能由相关自然人代为享有人工智能生成物所承载的著作财产权。随着人工智能技术的发展，当智能机器人具有独立的意识和意志之时，法律可能会赋予智能机器人一定的权利。正如笔者在相关文章中所论述的，"随着人工智能技术的进一步发展和进步，以及伦理学和法学在此领域研究的进一步深入，赋予智能机器人一定的权利并非不经之谈。例如，沙特阿拉伯已经成为世界上首个授予智能机器人公民身份的国家。可以预见，在不久的将来，会有更多的国家或地区赋予智能机器人以权利"。[1]当相关法律赋予智能机器人以人身权时，人工智能生成物所承载的著作人身权便有了适格主体。此时，人工智能生成物与自然人创作的作品应该不存在什么区别，其所承载的著作人身权和著作财产权都有相应主体享有，对人工智能生成物著作财产权的侵犯，也会间接地侵犯人工智能生成物所承载的著作人身权，也即侵犯人工智能生成物著作权的犯罪行为的社会危害性与侵犯自然人创作作品著作权的犯罪行为的社会危害性是相同的。根据罪刑相当原则的要求，对侵犯人工智能生成物著作权的犯罪行为，应予以和侵犯自然人创作作品著作权的犯罪行为相同的刑罚处罚。

其二，涉人工智能生成物犯罪的主体可能会涵盖智能机器人。在刑法条文中，涉人工智能生成物犯罪涉及侵犯著作权罪和销售侵权复制品罪两个罪名。在时下我国的法律体系中，自然人以营利为目的，实施刑法规定侵犯著作权罪和销售侵权复制品罪所禁止的行为，违法所得数额较大或者有其他严重情节，就构成犯罪。当自然人的犯罪行为所针对的对象是人工智

---

1. 参见刘宪权：《人工智能时代我国刑罚体系重构的法理基础》，载《法律科学》2018 年第 4 期。

能生成物时，同样也构成著作权犯罪。在未来，当智能机器人能够在独立意识和意志的支配下实施行为时，我们可以认为其具有独立的辨认能力和控制能力（也即具有刑事责任能力），此时将智能机器人视为刑法意义上的责任主体也就不应该有任何障碍。具有刑事责任能力的智能机器人完全可能以营利为目的，实施刑法规定侵犯著作权罪和销售侵权复制品罪所禁止的行为，并达到严重危害社会的程度。

总之，随着人工智能技术的发展，在未来，对人工智能生成物与自然人创作的作品可能会予以相同程度的保护，且涉人工智能生成物犯罪的主体可能会涵盖智能机器人。

二、第二种保护模式——广义的邻接权客体保护模式

（一）生成式人工智能创作物可作为广义的邻接权客体

人工智能技术的发展，为当前法律制度带来了一系列颠覆性的挑战，并重塑着著作权领域中成果性质认定与保护的底层逻辑。但是，应当看到，面临上述挑战，最有效率的办法并非改变传统著作权法基本理论和传统规则，而是在原有著作权法理论体系和框架内，采用灵活的解释和适用方式来应对新的问题。事实上，著作权法一直在随着技术的发展和演进而自我更新，不断对新问题作出积极的回应，邻接权制度即是一个

典型例证。邻接权制度的产生和发展始终与技术的发展演进相适应。广播技术与录音、录像技术的产生和发展，拓展了作品传播的途径与方式，作品的商业价值不仅包含作者的独创性表达，还包括作品传播者为其生产、发行所投入的努力，且正是因为传播者的存在，作品的商业化市场才得以拓展。为此，很多国家在其著作权法当中增加了邻接权制度，用以鼓励作品传播行为。随着邻接权制度的进一步发展，邻接权指的就是作品传播者权这一观点被逐渐打破[1]，邻接权制度拓展成为对与著作权相关但因没有独创性而不能被认定为作品的客体进行保护的具有兜底性质的制度。[2]

因此，我们可将邻接权分为广义上的邻接权与狭义上的邻接权。如上所述，狭义上的邻接权专指作品传播者权，也即"一切传播作品的媒介所享有的专有权，或对那些与作者创作的作品尚有一定区别的产品、制品或其他既含有'思想的表达形式'，又不能成为'作品'的内容所享有的权利"[3]。广义上的邻接权接纳了因科技发展产生的新内容，这与"保护投资者"的理论相适应。[4] 例如，戏剧布景、3D 打印产品的设计图、未基于他人作品而制作的录音录像制品等，因属于投资产出而被赋予邻接权；再如，权利保护期限届满的作品在被加工或者继续

---

1. 参见王迁：《知识产权法教程》，中国人民大学出版社 2014 年版，第 198 页。
2. 参见刘洁：《邻接权归宿论》，知识产权出版社 2013 年版，第 24 页。
3. 参见郑成思：《版权法》，中国人民大学出版社 2009 年版，第 61 页。
4. 参见王超政：《科技推动下的邻接权制度体系构建》，载《中国版权》2013 年第 2 期。

投入资金后，也可以被赋予邻接权。[1]因此，与狭义上的邻接权相比，广义上的邻接权并不局限在传播者权范围内，而是转向保护与作品有关联的投资者的利益。[2]需要说明的是，无论是人工智能技术的投资者抑或人工智能创作物的投资者，均对人工智能创作技术发展和人工智能创作市场繁荣具有重要促进作用，因此对上述二者利益均应予以保护。同时，人工智能创作物的投资者对人工智能创作物的产出、使用等影响更为直接，其投资规模直接影响人工智能创作物的产出规模与使用效率，因此法律在保护生成式人工智能创作物投资者时，应主要保护人工智能创作物的投资者，次要保护人工智能技术的投资者。

将生成式人工智能创作物作为广义上邻接权的客体，和邻接权的制度价值与设置目的相吻合。其一，保护生成式人工智能创作物的目的与邻接权的设置目的相吻合。对生成式人工智能创作物给予有效保护，既可以鼓励对生成式人工智能技术产品的投资，也可以鼓励对生成式人工智能创作物的投资。这不仅有助于生成式人工智能创作物的传播与利用，而且有助于人工智能技术的发展和进步。其二，保护生成式人工智能创作物的方式与邻接权的制度价值相吻合。生成式人工智能的研发者、使用者对生成式人工智能创作物本身并未作出实质性的贡献，

---

1. 参见王迁：《论体育赛事现场直播画面的著作权保护——兼评"凤凰网赛事转播案"》，载《法律科学》2016 年第 1 期。
2. 参见陈虎：《论人工智能生成内容的邻接权保护——从立论质疑出发的证伪》，载《电子知识产权》2019 年第 9 期。

但其可以控制生成式人工智能创作物的生成与传播，也即其对内容并无直接贡献但对内容生成和传播具有直接的控制力，这与录音、录像制作者对于录音、录像制品以及广播组织者对广播节目的贡献和控制力非常类似。以邻接权制度保护生成式人工智能创作物的相关权利，同样可以起到激励成果生成、传播与利用的作用。需要说明的是，以邻接权制度保护生成式人工智能创作物的相关权利，是基于对生成式人工智能创作物具有财产价值的考量，而无需考量其是否具有独创性。这可以避免有人对生成式人工智能创作物作出修改后所生成的成果，和人类独创作品之间的界限难以划分，而为其是否具有独创性带来判断难题。因此，将生成式人工智能创作物作为广义上邻接权的客体，有利于克服生成式人工智能创作物的作者无法确定的问题，有利于有效解决相关纠纷，实现良好的社会效益。

（二）生成式人工智能创作物法律保护的必要限制

对生成式人工智能创作物的利用，可能会面临"反公地悲剧"问题。"反公地悲剧"主要指，排他权数量增加以及权利人分散将对智力成果使用效率产生不利影响，当某些权利人拒绝许可时会产生大量碎片化的权利，阻碍智力成果的流通和利用，甚至会阻碍后续研发和创新的进程。显而易见，"反公地悲剧"与著作权法促进知识传播、流通和利用的初衷相悖。[1]

---

1. 参见刘影：《人工智能生成物的著作权法保护初探》，载《知识产权》2017年第9期。

相较于普通的人类作品，生成式人工智能创作物领域中的"反公地悲剧"将会更为严重。[1] 生成式人工智能创作物与人类创作的智力成果相比，具有效率高、成本低的特点，生成式人工智能创作物的大量出现将会使得人类创作的智力成果在著作权市场面临更大的竞争压力，削弱人类作品的定价能力。[2] 换言之，对生成式人工智能创作物的过度保护会挫败人类创作作品的积极性。因此，法律对生成式人工智能创作物的权利行使的保护应保持适度限制。

首先，应将生成式人工智能创作物纳入法定许可范畴。公众使用生成式人工智能创作物无需经过生成式人工智能创作物的权利人同意，而只需要付费。这既能保证生成式人工智能创作物财产价值实现，又能避免生成式人工智能创作物权利人不予授权而导致的"反公地悲剧"，有利于降低交易成本，促进文化交流与传播。其次，拓宽生成式人工智能创作物的合理使用边界。合理使用制度创设的目的在于平衡社会公众和著作权人之间的利益，从而促进社会公共资源的合理再分配。[3] 随着网络技术的发展，社会公众的创作热情空前高涨，如果不拓宽生成式人工智能创作物的合理使用边界，将会影响利用生成式

---

1. 参见刘强：《人工智能对知识产权制度的理论挑战及回应》，载《法学论坛》2019年第6期。
2. 参见曹源：《比较法和产权视角中的人工智能创作物》，载《中国版权》2017年第4期。
3. 参见华劼：《合理使用制度运用于人工智能创作的两难及出路》，载《电子知识产权》2019年第4期。

人工智能创作物所进行的进一步创作，也会使得有关生成式人工智能创作物的著作权纠纷迅速增加。因此应拓宽生成式人工智能创作物的合理使用边界，排除不以营利为目的的使用生成式人工智能创作物行为构成侵权的可能性。最后，缩短生成式人工智能创作物的邻接权保护期限。生成式人工智能创作物的产出具有快速性、批量性，如果赋予其和人类智力成果等同的权利保护期，则容易在短期内形成大量著作权壁垒，影响文化交流与传播。人工智能和人类相比，具有无限的生命周期，我国《著作权法》规定，自然人对作品享有的相关权利的保护期限为作者终生及其死亡后五十年[1]，如果对生成式人工智能创作物邻接权规定类似上述的期限限制，显然毫无意义。从提高生成式人工智能创作物的使用率、降低交易成本的角度考虑，应缩短生成式人工智能创作物的邻接权保护期限。

（三）生成式人工智能创作物刑法保护的完善

由上文可知，著作权法不仅保护作品，还保护虽不符合作品构成要件但值得保护的其他文化产品，如录音录像制品等。与之相应，《刑法》第217条侵犯著作权罪第三项、第四项、第六项分别规定"未经录音录像制作者许可，复制发行、

1.《著作权法》第23条第1款规定："自然人的作品，其发表权、本法第十条第一款第五项至第十七项规定的权利的保护期为作者终生及其死亡后五十年，截止于作者死亡后第五十年的12月31日；如果是合作作品，截止于最后死亡的作者死亡后第五十年的12月31日。"

通过信息网络向公众传播其制作的录音录像的"，"未经表演者许可，复制发行录有其表演的录音录像制品，或者通过信息网络向公众传播其表演的"以及"未经著作权人或者与著作权有关的权利人许可，故意避开或者破坏权利人为其作品、录音录像制品等采取的保护著作权或者与著作权有关的权利的技术措施的"行为，均构成侵犯著作权罪。生成式人工智能创作物的权利人在知识成果的利用和传播过程中投入了相应的资金、技术、劳动等，并创造了相应的价值，其以此为基础享有邻接权具有正当根据。保护生成式人工智能创作物权利人的权利，与邻接权制度的保护逻辑相匹配，并具有经济合理性。可见，将侵犯生成式人工智能创作物权利的行为，按照侵犯邻接权认定，进而认定其构成侵犯著作权罪，并不存在法理障碍。但应注意，根据罪刑法定原则，法无明文规定不为罪，在现行刑法侵犯著作权罪的条文中，仅规定了侵犯录音、录像与表演邻接权的行为构成侵犯著作权罪，尚未将生成式人工智能创作物的邻接权纳入其中。为契合罪刑法定原则，避免出现类推解释[1]，将侵犯生成式人工智能创作物邻接权的行为认定为侵犯著作权罪的前提是，立法者首先将生成式人工智能创作物的邻接权纳入《刑法》第217条及相关前置法的保护范围中。笔者建议，在《刑法》第217条中增加"未经人工智能创作物的权利人许可，复制发行、通过信息网络向公众传播该人工智能创作物"

---

1. 参见房慧颖：《刑法谦抑性原则的价值定位与规范化构造——以刑民关系为切入点》，载《学术月刊》2022年第7期。

的行为，作为侵犯著作权罪的行为之一。

同时，对于生成式人工智能创作物的刑法保护应予以必要限制。知识产权制度，从根本上而言，在于厘清知识产权保护边界，进而有效化解利益冲突。目前，生成式人工智能技术仍处于发展的初期，面临诸如生成式人工智能创作物可版权性及权利归属无法可依的困难局面。在技术发展和现实需求双重目标作用下，完善生成式人工智能创作物邻接权的法律保护路径具有重要意义。[1] 应当看到，如果刑法对生成式人工智能创作物予以过度保护，则容易导致相关主体所享有的权利过分膨胀，不利于其价值的综合挖掘，从而抑制生成式人工智能技术产业的良性竞争，也不利于人工智能技术创新，有悖于数字经济发展趋势。因此，刑法在探寻保护生成式人工智能创作物权利的路径时，除将保护的完善性、有效性作为考量因素之外，还需充分考虑为权利的行使设置必要界限，以防生成式人工智能技术领域垄断与集中现象的发生。

---

1. 参见黄细江：《企业数据经营权的多层用益权构造方案》，载《法学》2022 年第 10 期。

\ 第四章 /

生成式人工智能与数据犯罪

第一节 涉生成式人工智能数据犯罪概述

一、涉生成式人工智能数据犯罪的犯罪对象

涉生成式人工智能数据犯罪主要包含以生成式人工智能为对象或工具实施的数据犯罪以及生成式人工智能"自发"实施的数据犯罪,其属于数据犯罪的下位概念。因此,对涉生成式人工智能数据犯罪犯罪对象的讨论离不开对数据犯罪犯罪对象的讨论。

目前,"数据犯罪"这一名词已逐渐被学界接受。就数据犯罪包含的内容或范围而言,多数观点认为数据犯罪是以数据或大数据为犯罪对象的犯罪[1],笔者将其称为狭义的数据犯罪。

---

1. 参见马微:《理念转向与规范调整:网络有组织犯罪之数据犯罪的刑法规制路径》,载《学术探索》2016 年第 11 期。

部分学者认为数据犯罪不仅包含以数据为犯罪对象的犯罪，还包括以数据为犯罪工具的犯罪[1]，笔者将其称为广义的数据犯罪。相较而言，狭义的数据犯罪在内容限定上似乎更具有准确性。一方面，数据犯罪概念是在大数据时代数据的侵害行为层出不穷这一历史背景下产生的。在传统犯罪中，以数据为犯罪工具的犯罪并不少见，此时的数据仅是一种犯罪工具，并不具有任何特殊性。随着数据自身价值被逐渐认可，针对数据的非法获取、破坏、流转、分析等行为成为一种新的犯罪样态。数据从犯罪利用的工具演变为犯罪针对的对象，此后，数据犯罪的概念才被学界所提出和重点研究。因此，从数据犯罪概念的产生背景来看，狭义的数据犯罪概念更为准确。另一方面，将数据犯罪定义为以数据为犯罪对象的犯罪可以检视现行刑法是否已经形成完备的数据保护体系。如果采用狭义的数据犯罪概念，则更便于区分数据犯罪与其他犯罪的界限，即可以对数据犯罪的范围进行全面明确地确定，以凸显数据本身的刑法保护价值，进而充分有效地检视刑法是否已将所有对数据相关法益产生严重危害的行为悉数纳入规制范围，从而可以对既有立法进行解释或完善。相反，如果采用广义的数据犯罪概念，则因为其不仅强调对数据的保护，还强调对其他与数据安全等相关传统法益的保护，会显得过于宽泛，导致刑法针对数据重点保护的需要和内涵无法得到突出的体现。因此，狭义的数据犯罪

---

1. 参见王倩云：《人工智能背景下数据安全犯罪的刑法规制思路》，载《法学论坛》2019年第2期。

概念更具有合理性。

　　基于上述原因，本章的数据犯罪指以数据为犯罪对象的犯罪。但与此同时，我们也需要看到涉生成式人工智能数据犯罪与一般数据犯罪的不同之处。正如前文所述，涉生成式人工智能数据犯罪主要包含以生成式人工智能为对象或工具实施的数据犯罪以及生成式人工智能"自发"实施的数据犯罪。在第一种情形下，若行为人的行为是指向生成式人工智能及其内部储存的数据时，其犯罪对象不仅包含了数据，还包含了生成式人工智能本身。

二、涉生成式人工智能数据犯罪的侵害法益

（一）涉生成式人工智能数据犯罪是严重侵害国家数据管理秩序的犯罪

　　在采纳狭义的数据犯罪概念基础上，我们依然需要进一步对数据犯罪所侵害的具体法益进行论证，以明确数据犯罪有关构成要件的具体内容。应该看到，如果刑法需要对数据进行保护，首要条件便是明确数据自身存在值得刑法保护的价值或利益，也即刑法对数据犯罪所侵害的法益存在保护的必要性。据此，我们才能在明确数据犯罪所侵害法益具体内容的基础上，确定数据犯罪有关罪名的具体构罪标准。众所周知，我国刑法分则每一章乃至每一节基本上是以各类犯罪所侵害的法益为分

类依据的。因此，明确数据犯罪所侵害的法益有助于确定数据犯罪在刑法中的体系地位。笔者认为，涉生成式人工智能数据犯罪所侵害的法益与一般数据犯罪所侵害的法益相同，均应为国家数据管理秩序。所谓数据犯罪是指以数据为犯罪对象，严重侵害国家数据管理秩序的犯罪，刑法学界应对数据犯罪与计算机犯罪或网络犯罪作出明确的界分。

首先，涉生成式人工智能数据犯罪不同于计算机犯罪。多数观点认为，计算机犯罪是以计算机信息系统为犯罪对象的犯罪，侵害的法益是计算机信息系统安全。[1] 典型的计算机犯罪有《刑法》第 285 条规定的非法侵入计算机信息系统罪，非法获取计算机信息系统数据、非法控制计算机信息系统罪，提供侵入、非法控制计算机信息系统程序、工具罪，还有《刑法》第 286 条规定的破坏计算机信息系统罪，等等。诚然，涉生成式人工智能数据犯罪的罪名范围可能与计算机犯罪的罪名范围存在一定的交集，如非法获取计算机信息系统数据罪既属于数据犯罪的范畴，也属于计算机犯罪的范畴。但是，如前所述，涉生成式人工智能数据犯罪的犯罪对象是数据，其侵害的法益是国家数据管理秩序。事实上，数据不同于计算机信息系统，两者之间是内容和载体的关系，数据具有其独立的价值属性。[2] 可见，涉生成式人工智能数据犯罪与计算机犯罪在犯罪对象、

---

1. 参见黄太云：《刑法修正案（七）解读》，载《人民检察》2009 年第 6 期。
2. 参见刘宪权、石雄：《网络数据犯罪刑法规制体系的构建》，载《法治研究》2021 年第 6 期。

侵害法益等方面均有所不同，涉生成式人工智能数据犯罪不同于计算机犯罪。

其次，涉生成式人工智能数据犯罪也不同于网络犯罪。网络犯罪所覆盖的范围极为广泛，既包括将计算机信息系统作为犯罪对象的犯罪，也包括以计算机信息系统作为犯罪工具的犯罪，甚至还包括以计算机网络为犯罪空间的新型网络犯罪。[1] 就侵害法益而言，网络犯罪既包括侵害计算机信息系统安全等网络特有法益的犯罪，也包括利用计算机网络侵害传统法益的犯罪。正因为此，有观点认为网络犯罪只是可以作为犯罪学意义上的一类犯罪，而难以成为刑法学意义上的一类犯罪。[2] 总体而言，学界普遍认为网络犯罪是一个宏观且模糊的概念。网络犯罪的范围囊括一切与计算机网络有关的犯罪，侵害的法益包括计算机信息系统安全和传统法益等多种法益。根据笔者前文对数据犯罪的分析，涉生成式人工智能数据犯罪的范围和侵害法益相较网络犯罪而言更为微观且具体明确，两者不能混同使用。当然，不可否认的是，数据犯罪的具体犯罪行为均发生于计算机网络空间之中。从犯罪学角度分析，由于网络犯罪包含以计算机网络为犯罪空间的犯罪，而数据犯罪一般也是以计算机网络为犯罪空间的，因此，涉生成式人工智能数据犯罪作为数据犯罪的一种，完全可以被归入网络犯罪的范畴之中，并

---

1. 参见皮勇：《论新型网络犯罪立法及其适用》，载《中国社会科学》2018年第10期。
2. 参见张明楷：《网络时代的刑事立法》，载《法律科学》2017年第3期。

成为网络犯罪的下位概念。

最后，涉生成式人工智能数据犯罪与信息犯罪也存在混淆不清的问题。这主要是因为立法和学理上均未能梳理清楚数据与信息两者之间的关系。

在立法层面，随着《民法典》《数据安全法》《个人信息保护法》等法律的相继出台，我国基本形成对数据的法律保护体系。然而，相关法律对数据的定义以及数据与信息的关系界定尚不能达成统一。其一，民法层面未明确数据与信息的具体区别。虽然《民法典》在第 111 条和第 127 条分别就"个人信息"和"数据"的民法保护进行了规定，这似乎意味着立法者认为数据与信息在概念上应当存在一定的区分，但是《民法典》并未进一步对两者进行概念上的具体界定。其二，行政法层面有关数据与信息之间关系的认定并不合理。《数据安全法》第 3 条将数据定义为"任何以电子或者其他方式对信息的记录"。由此观之，《数据安全法》认为数据与信息仅是载体和内容的关系，而并不存在其他的差异。但是这种定义显然没有太大的实际意义，因为数据与信息一样都是无形物，信息的内容需要借助特定载体予以呈现，而数据亦是如此。事实上，内容和形式并不是对立的关系，数据本身也可以蕴含特定的实质内容，数据与信息仅在汉语语义层面上存在内容和形式的分化。当数据与信息成为不法行为的侵害对象时，相关不法行为既无法越过内容仅侵害形式，也不可能越过形式仅侵害内容。因此，《数据安全法》对数据与信息的区分存在较大问题。

其三，相关刑法司法解释将数据与信息视为同一概念。根据最高人民法院、最高人民检察院《关于办理危害计算机信息系统安全刑事案件应用法律若干问题的解释》第1条的规定，非法获取计算机信息系统数据罪中的"计算机信息系统数据"特指"身份认证信息"。同时，该司法解释第11条规定："本解释所称'身份认证信息'，是指用于确认用户在计算机信息系统上操作权限的数据。"可见，该司法解释认为数据与信息之间并无区别，两者可相互替换使用。总之，我国相关部门法及司法解释对数据与信息之间关系的认定存在相互冲突之处。究其根本，是因为整个法律体系尚未明确或未能准确界定数据的概念。

在学理层面，学界就数据与信息的关系提出了以下几种观点：第一种观点认为数据的范围要大于信息的范围。在计算机信息系统中，有些数据虽然对于计算机信息系统或某些程序本身的运行来说必不可少，却不一定体现为具有现实意义的信息内容。[1]数据或大数据既可指向内容层的信息，也可指向符号层的数据文件。数据一词覆盖数据文件和数据信息两个侧面的含义。[2]因此，信息时代的数据范围比信息范围要大。第二种观点认为就载体而言，信息的范围要大于数据的范围。数据应区别于日常生活中的各种纸面统计数据，仅指自动化处理的数

---

1. 参见张勇：《数据安全分类分级的刑法保护》，载《法治研究》2021年第3期。
2. 参见纪海龙：《数据的私法定位与保护》，载《法学研究》2018年第6期。

据[1]，"数据"侧重于突出载体或媒介本身，而"信息"不仅可以通过数据的形式来呈现，还可以借助其他的媒介得以呈现。[2]第三种观点认为数据与信息没有明显的区别。例如，"个人数据"的表达实质上指向的就是"个人信息"的内涵。在大多数的情形下，两者的混用并不会引起理解上的偏差。[3]

诚然，从日常用语的角度而言，数据与信息可混同使用，没有必要对两者进行区分。从中文语义角度理解，数据与信息更多的是一种形式和内容的关系，数据偏向形式层面，而信息偏向内容层面。然而，结合前置法以及刑法对数据与信息保护的立法目的等因素综合来看，特别是从实然角度分析，数据应区别于信息。其一，根据民法、行政法等前置法的有关规定，可推知立法者实际上有意将数据与信息的概念进行区分。尤其是随着《数据安全法》《个人信息保护法》的相继出台，相关法律对数据与信息分别进行了不同的定义。[4]这也进一步印证了笔者有关立法者有意对数据与信息作概念上区分的观点，否则根本无须出台两部法律对数据与信息进行分别保护。其二，结

---

1. 参见梅夏英：《数据的法律属性及其民法定位》，载《中国社会科学》2016年第9期。

2. 参见劳东燕：《个人数据的刑法保护模式》，载《比较法研究》2020年第5期。

3. 参见彭诚信、向秦：《"信息"与"数据"的私法界定》，载《河南社会科学》2019年第11期。

4. 《个人信息保护法》第4条第1款规定："个人信息是以电子或者其他方式记录的与已识别或者可识别的自然人有关的各种信息，不包括匿名化处理后的信息。"《数据安全法》第3条第1款规定："本法所称数据，是指任何以电子或者其他方式对信息的记录。"

合刑法的有关规定可知，刑法也并不认为数据与信息的概念可混同使用，否则《刑法修正案（七）》完全没有必要同时设立非法获取计算机信息系统数据罪与侵犯公民个人信息罪两个罪名。尽管有关司法解释将数据与信息混同使用，但仅凭相关司法解释的规定不能作出刑法规定也将数据与信息视为同一概念的推断。其三，为了实现法秩序的统一性，如无特殊原因，刑法中数据与信息的概念及两者的关系也需要尽可能与前置法保持基本一致，否则将使得有关数据犯罪构成要件的认定标准含混不清。

　　笔者认为，数据与信息实则是存在相互交叉关系但应该加以区别的一组概念。数据与信息的区别主要存在形式与实际内容两个方面。从存在形式（载体）看，信息的载体要广于数据的载体。数据仅指以电子化形式存在的代码；而信息还包含其他存在形式，其既可以电子化形式进行记录（此时的信息等于数据），又可以其他诸如纸质形式进行记录。从实际内容看，数据的范围又要广于信息的范围。数据是指存在于网络空间的电子数据，这种电子数据可以具有实质的信息内涵，包含以电子数据为载体的个人信息、商业秘密、国家秘密以及其他信息，也可以是不具有信息内涵的其他数据，如可以是供计算机信息系统相关程序所用的一些无现实意义的代码；而信息则必须具有现实意义的实质内容。正因为数据与信息无论在形式上还是在范围上均存在很大区别，所以刑法中的涉生成式人工智能数据犯罪也应该与信息犯罪有别。我们不应该因较早前将数据与信息混同的司法解释规定，而罔顾相关法规甚至刑法对数据与信息、数据犯罪与信息犯罪区别对待的立法原意。

（二）国家数据管理秩序法益与相关法益之界分

数据自身蕴含值得刑法保护的利益。有观点认为刑法设立非法获取计算机信息系统数据罪等一系列罪名并没有形成对数据的保护闭环，刑法应将数据本权和人格权、财产权等进行一定程度的分离以对数据进行单独保护。例如，可将非法获取计算机信息系统数据罪罪状中的"计算机信息系统数据"调整为"网络数据"。[1] 想要实现上述观点，则须论证数据自身存在何种值得刑法保护的利益以及这种利益值不值得刑法单独保护，即是否存在值得刑法保护的国家数据管理秩序。有关国家数据管理秩序的界定，学界众说纷纭。有学者试图从既有规范推导出国家数据管理秩序，也有学者认为应通过权利束理论来论证国家数据管理秩序，还有学者认为国家数据管理秩序就是指数据安全法益、算法安全等。上述观点均对国家数据管理秩序的界定展开了相应的论证分析，具有一定的参考价值，但均存在一定的误区。

第一，国家数据管理秩序无法通过既有规范制度推导得出。由于数据所蕴含的权利属性极为广泛，数据的权属内涵复

---

1. 参见李源粒：《网络数据安全与公民个人信息保护的刑法完善》，载《中国政法大学学报》2015 年第 4 期。

杂多样，国家数据管理秩序无法通过知识产权法、反不正当竞争法、个人信息保护法等单一既有规范进行推导。换言之，既有制度无法有效回应数据流通和数据使用过程中的诸多问题，且未能以权利的形式保护数据。有学者进而提出运用权利束理论解决数据确权问题，认为数据权利是一种包含了人格、隐私、财产、主权等多样权利的权利集合，这一权利集合中的每种权利又各有边界，且数据权利的行使需要严格遵循特定的规则。[1] 但是，数据权利束理论不仅不能证明数据权利人为何对数据存在上述多种权利，且其存在一个明显的缺陷，即并非所有数据权利人均能享有国家主权、人格权和财产权等权利。由于数据权利人对不同的数据所享有的权利各有不同，该理论未能准确对各类数据所普遍蕴含的权利进行论证，而是仅提供了当数据权利行使过程中发生权利冲突时的一种解决思路，因而具有局限性。由此，依据现有法律规范来推导国家数据管理秩序的方法难以有效。

第二，国家数据管理秩序不等于数据安全。当前，学界多数观点认为国家数据管理秩序就是数据安全。例如，有观点认为数据现已成为犯罪行为的重要目标，数据窃取或滥用行为逐渐演变成为类型化的侵犯数据安全的行为即数据安全犯罪。[2]

---

1. 参见闫立东：《以"权利束"视角探究数据权利》，载《东方法学》2019年第2期。
2. 参见王倩云：《人工智能背景下数据安全犯罪的刑法规制思路》，载《法学论坛》2019年第2期。

刑法设立数据安全犯罪的核心目标在于保护数据的保密性、完整性和可用性。[1] 还有观点借鉴国外有关数据安全理论对数据的保密性、完整性和可用性进行进一步解析，认为数据的保密性是指确保数据免受他人探知、获悉或使用的权利；数据的完整性是指确保数据不被他人修改的权利；数据的可用性是指确保权利人随时访问（知悉）数据的权利。[2]

笔者认为，上述数据安全法益观存在一定的问题。其一，不能将国家数据管理秩序概括归结为数据安全。根据《数据安全法》第 3 条第 3 款的规定，"数据安全，是指通过采取必要措施，确保数据处于有效保护和合法利用的状态，以及具备保障持续安全状态的能力"。可见，数据安全是我国立法对数据保护的目标，是法律希望数据蕴含的相关权益不受威胁或损害的理想状态，但并非立法对数据进行保护的原因。由于数据安全的概念本身就是抽象的、模糊的，"对数据进行保护是因为要保证数据安全"的观点显然陷入了循环论证的误区。可见，认为数据安全是国家数据管理秩序的观点没有任何实质的意义，该观点并没有解释清楚数据为什么不应受到威胁和损害，并没有回应哪些数据权利或利益值得刑法保护。

其二，国家数据管理秩序也并非数据的保密性、完整性和

---

1. 参见于冲：《数据安全犯罪的迭代异化与刑法规制路径——以刑事合规计划的引入为视角》，载《西北大学学报报（哲学社会科学版）》2020 年第 5 期。
2. 参见杨志琼：《我国数据犯罪的司法困境与出路：以数据安全法益为中心》，载《环球法律评论》2019 年第 6 期。

可用性。诚然，国外相关理论已经论述了上述数据三个特性的重要性，但直接借用国外的理论应用于我国刑法体系中必须要有充分的论证。虽然我国《数据安全法》等相关前置法在一定程度上肯定了对数据保密性、完整性和可用性的法律保护，但这并不意味着对数据的保密性、完整性和可用性一定要提高到刑法保护的层面，这主要是因为现行刑法并未对线下信息的保密性、完整性和可用性的保护作任何规定。由于涉及相同内容的线上数据和线下信息在实质层面上具有同一性，在不考虑侵害数据行为对其他法益造成侵害的前提下，仅非法侵害数据保密性、完整性和可用性行为的社会危害性应等同于非法侵害线下信息保密性、完整性和可用性行为的社会危害性，即这两种行为应当承担相近的法律责任。根据这一结论，再将两种行为所对应的具体场景进行一一对比，便能得出数据的保密性、完整性、可用性并非国家数据管理秩序的结论。例如，一般而言，线下偷听他人电话、偷窥他人笔记的行为往往都难以被认定为民事侵权行为，那么，线上非法知悉他人数据的行为便不可能也不应当构成犯罪；再如，线下修改或撕毁某人记事本的行为不可能构成犯罪（记录国家秘密等特殊信息的除外），那么，线上修改数据的行为便不可能也不应当构成犯罪。总之，既然难以将线下侵害一般信息保密性、完整性和可用性的行为认定为犯罪，便无法认为单纯侵犯线上数据保密性、完整性和可用性的行为具有入刑的必要性。所以，数据的保密性、完整性和可用性不应是国家数据管理秩序。

其三，国家数据管理秩序不是算法安全。如上所述，有观点认为基于现有相关数据权利理论的诸多缺陷，对数据的确权必须回归到数据权利的生产机制中对算法进行考察，明确算法在数据权利中所处的中心地位。[1]诚然，对国家数据管理秩序的界定离不开对数据权利生产机制的考察。笔者认为，上述观点依然存在一定的疏漏。首先，算法与数据是两个不同的概念。作为一种分析数据的重要手段，算法有助于对数据进行挖掘，并衍生出更有价值的数据。但是，算法与数据无法混同，算法安全无法成为数据自身所蕴含的权益。其次，算法并非数据生产机制的全部内容。数据生产机制包含数据的获取、存储、分析、传输、使用等多个阶段，算法安全仅是数据分析阶段所须考虑的关键内容。算法安全虽然重要，但并非数据全流程环节中所须考虑的唯一内容。最后，算法自身具有局限性。算法安全不仅受到算法内容的约束，还受到原始数据的约束。若原始数据的来源不合法，即便算法合法，衍生数据依然具有非法性。同时，再精妙的算法也无法将一组行踪轨迹数据演化为支付密码数据。这充分表明建立以算法安全为核心的数据保护体系是不够全面的。虽然其可以解决部分数据确权以及数据保护问题（例如，通过算法得到的衍生数据应归算法提供者所有；若算法不合法，则衍生数据也具有非法性），但是以算法安全为核心的数据保护体系无法形成对原始数据的全面保护。

---

1. 参见韩旭至：《数据确权的困境及破解之道》，载《东方法学》2020年第1期。

此外，算法的边界、内涵也较为模糊，我国法律体系中尚不存在对算法进行准确定义的有关规定。由此可见，国家数据管理秩序也绝非算法安全。

（三）国家数据管理秩序法益之界定

在厘清国家数据管理秩序观相关误区的基础上，必须着眼于数据的本质特征并结合数据处理的基本流程规律对国家数据管理秩序进行准确定位。笔者认为，国家数据管理秩序是一种独立于传统法益的新型法益。

首先，国家数据管理秩序应指一般数据所蕴含的值得刑法保护的利益。很多观点均认为，国家数据管理秩序包含着国家法益、人身法益和财产法益，因此国家数据管理秩序是众多传统法益的集合。前文已对上述观点进行了批判，所谓国家数据管理秩序，应指所有类型数据所共有的法益。数据是一个比较模糊而宏大的概念，从外延来看，数据包含涉及个人信息、商业秘密、国家秘密以及其他一般信息等各类具体数据。而所谓数据的共有法益，应指上述各类数据所蕴含权益的交集部分。换言之，国家数据管理秩序应为一般数据所蕴含的值得刑法保护的利益。

其次，国家数据管理秩序具有一定的社会属性。有观点认为，数据直接保护的是权利人的私益，出发点是私益。[1] 然而，

---

1. 参见李爱君：《数据权利属性与法律特征》，载《东方法学》2018 年第 3 期。

上述观点依然没有厘清一般数据可能蕴含的利益与必然蕴含的利益之间的区别。事实上，并非所有数据均蕴含个人利益。以财产权益为例，只有当数据具有经济价值时，数据才具备了财产利益，才会被特定主体收集并产生数据的个人权益。很多数据并不是因单个自然人或法人而产生的，也不是为单个自然人或法人而存在的，这些数据不可能蕴含个人权益。例如，多数野生动物数据、环境数据等不属于个人信息、商业秘密、国家秘密中的任何一类数据。该类数据既不因个人而产生，也不为个人而服务，所以不具备个人权益属性。但是，这并不意味着上述数据没有价值，不值得法律保护。实际上，所有数据均有一个共通之处，即均是为社会管理的便利而存在。因为数据本身便来自人类收集自然界和社会活动中的各种留痕，任何数据的产生均包含一定的人类意志，均为社会发展和管理提供一定的素材。因此，数据虽然并不一定具备个人权益属性，但一定具备社会属性，数据蕴含着一种具有社会属性的公法益。这一社会属性的公法益，实则指向国家数据管理秩序。事实上，数据管理秩序已逐渐成为社会治理领域中的重要组成部分，我国已初步形成相对健全的数据管理秩序。根据国务院《"十四五"数字经济发展规划》的有关要求，"十四五"时期，我国数字经济转向深化应用、规范发展、普惠共享的新阶段。规划提出我们应强化高质量数据要素供给、加快数据要素市场化流通、创新数据要素开发利用机制，建立完善政府、平台、企业、行业组织和社会公众多元参与、有效协同的数字经济治理新格局。同时，从《网络安全法》《数据安全法》的颁布到《网络数据安全管理条例（征求意见稿）》的起草，我国立足打造保障数据安全流通、数字经济有序发展的产业秩序，实现数据治理能力现代化。由此可见，数据管理秩序的构建已然成为新时代我国社会治理的重要任务。[1] 在此背景下，结合我国安全刑法观的基本理念，国家数据管理秩序这一扎根于转型时期国家治理能力与治理体系现代化进程中的公法益也应运而生。[2]

最后，国家数据管理秩序具有防止国家安全、人身、财产等法益受到侵害的功能特征。如前所述，若一般线上数据与一般线下信息完全等同，则其并不值得刑法的保护。一般线上数据与一般线下信息虽在其直接指向的内容层面具有同质性，但一般线上数据仍具独有的两大特征，即广泛分布性和集中处理便捷性。一方面，数据的广泛分布性是指数据分布于个体计算机、互联网、物联网、可移动便携设备甚至云端等各个角落。这也意味着每一个数据源的出现都会成为潜在的受攻击点。[3] 同时，一旦数据被非法获取，有关数据可能被迅速地转移至不特定的主体，这可能使得不法侵害的结果被无限放

---

1. 参见李玉华、冯泳琦：《数据合规的基本问题》，载《青少年犯罪问题》2021年第3期。

2. 参见彭文华、傅亮：《习近平法治思想引领下的中国刑法学新理念》，载《青少年犯罪问题》2022年第1期。

3. 参见齐爱民：《论大数据时代数据安全法律综合保护的完善——以〈网络安全法〉为视角》，载《东北师大学报（哲学社会科学版）》2017年第4期。

大。另一方面，数据的集中处理便捷性则意味着我们完全可能通过对海量一般线上数据的集中处理而推导衍生新的特殊数据。大数据时代的一个重要特征便是人们能利用互联网将杂乱无章的数据迅速汇集起来，通过一个个节点将不同的数据连接起来，最终通过算法将本来毫无意义的数据碎片还原成系统详细的信息资料。[1] 通过人工智能和云计算等技术，我们完全有可能从海量且杂乱的大数据中整理出重要的涉国家秘密、商业秘密或个人信息等已被现行刑法所保护的特殊数据以及其他尚未被刑法保护的重要数据。因此，过去可能不具有信息意义的各类数据，在大数据时代都可能获得新的意义。一般线上数据本身也可能蕴含着可以被解读和分析的国家秘密、商业秘密、个人信息等重要信息，因而也就产生了对其保护的必要性。为防止行为人通过对一般数据的非法利用分析来获取有关特殊数据，进而危害国家安全、公民人身和财产安全等有关法益，我们需要对数据的分析利用阶段进行严格把控，形成一种稳定的社会秩序，这种秩序便是国家数据管理秩序。

综上所述，国家数据管理秩序这一新型法益的确立具有重要的时代意义。刑法对这一新型法益的保护，不仅有利于维护一般数据的流通、交易安全，推进我国数据治理能力的现代化进程，还有利于形成对有关国家秘密、商业秘密、个

---

1. 参见［美］哈尔·阿伯尔森等：《数字迷城：数字时代下的生活、自由和幸福》，陈颜译，现代出版社 2022 年版，第 35 页。

人信息等重要数据的体系性保护格局。需要特别说明的是，数据管理秩序依然是一个相对宏观的概念。根据数据全流程的各个阶段，我们可将数据管理秩序进一步细化为数据流通管理秩序、数据分析管理秩序、数据存储秩序和数据使用秩序等。

三、涉生成式人工智能数据犯罪的表现形式

根据 2023 年 7 月国家互联网信息办公室联合国家发展改革委、教育部、科技部、工业和信息化部、公安部、广电总局公布的《生成式人工智能服务管理暂行办法》第 22 条的定义，生成式人工智能技术，是指具有文本、图片、音频、视频等内容生成能力的模型及相关技术。生成式人工智能具有明显的智能化和交互性特点，即其具有自我学习能力，可以根据特定的规则在一定的基础数据上生成新的数据，并且可以通过与用户进行交互生成用户需要的数字文本。[1] 以时下受广泛关注和热烈讨论的 ChatGPT 为例，ChatGPT 是 OpenAI 公司研发的一种通用型生成式人工智能产品。ChatGPT 的核心技术是自然语言处理技术，其技术原理是使用深度学习神经网络技术训练出一个大型的语言模型 GPT，之后通过对大量文本数据进行

---

1. 参见肖峰：《生成式人工智能与数字劳动的相互关联——以 ChatGPT 为例》，载《学术界》2023 年第 4 期。

学习和分析，使该模型理解并生成自然语言。[1]ChatGPT 采用了 Transformer 网络结构，在海量数据的基础上，Transformer 网络结构可以根据任务需求和数据特点进行选择和优化，通过对话积累数据，再根据具体任务需求进行反复调整，最终使得相关输出结果在不同领域中均能获得优异表现。[2]总结来看，生成式人工智能发挥功效的关键在于先对海量数据进行搜索与整合，运用算法对数据库进行学习，再结合用户的具体需求，最终生成全新的内容（如文字、图片、视频等）。[3]相较于海量数据库的构建，ChatGPT 等生成式人工智能能够从用户反馈中强化学习，形成了广泛的话题覆盖面进而给用户以人性化的交流体验。[4]用户在交互过程中发出的具体指令与生成式人工智能研发者、生产者事先收集的数据和制定的算法一样，均对输出结果具有较大的影响。[5]

通过对生成式人工智能技术特点和应用逻辑的阐述，我们不难发现，生成式人工智能的应用离不开对海量数据的收集和

---

1. 参见孟天广：《智能治理：通用人工智能时代的治理命题》，载《学海》2023 年第 2 期。

2. 参见邓建国：《概率与反馈：ChatGPT 智能原理与人机内容共创》，载《南京社会科学》2023 年第 3 期。

3. 参见周丰：《生成式人工智能：功能外化抑或能力抽离》，载《中国社会科学报》2023 年 4 月 18 日，第 7 版。

4. 参见王建磊、曹卉萌：《ChatGPT 的传播特质、逻辑、范式》，载《深圳大学学报（人文社会科学版）》2023 年第 2 期。

5. 参见杨俊蕾：《ChatGPT：生成式 AI 对弈"苏格拉底之问"》，载《上海师范大学学报（哲学社会科学版）》2023 年第 2 期。

处理。这些数据既包括事先收集的海量基础数据，也包括生成式人工智能在与用户交互过程中获取的用户数据，还包括生成式人工智能基于自我学习特定算法自动衍生的数据。在没有得到法律全面规制的前提下，以上述三类数据为侵犯对象的侵犯数据法益的行为屡见不鲜。例如，时下 ChatGPT 等生成式人工智能产品非法获取用户个人信息的问题已然得到各国政府的高度关注。中国支付清算协会 2023 年 4 月 10 日发布的《关于支付行业从业人员谨慎使用 ChatGPT 等工具的倡议》指出，ChatGPT 等生成式人工智能存在跨境泄露数据等法律隐患和风险。据报道，自 2023 年 3 月以来，意大利、德国先后宣布禁止使用 ChatGPT，限制 OpenAI 处理用户信息数据。法国、爱尔兰、西班牙、加拿大等国也开始对 ChatGPT 等 AI 聊天机器人采取更严格的监管措施[1]，马斯克等人发起的暂停训练比 GPT-4 更强大的人工智能公开信得到各行各业的广泛响应。[2]

应当看到，无论是生成式人工智能研发者、生产者实施的侵犯数据法益行为，还是其他行为人针对生成式人工智能后台数据库实施的侵犯数据法益行为，均与生成式人工智能诞生之前社会上常见的侵犯数据法益行为没有本质上的区别。对

---

1. 参见余继超：《数据安全"拷问"ChatGPT 类 AI》，载《国际金融报》2023 年 4 月 17 日，第 11 版。
2. 参见李孟林、蔡鼎、谭玉涵：《万人签名呼吁暂停 ChatGPT AI 自我迭代更可怕?》，载《每日经济新闻》2023 年 4 月 11 日，第 6 版。

此，我们仅需要就刑法对相关侵犯数据法益行为的规制现状和漏洞进行分析，并指出刑法进一步完善的方向。除此之外，随着生成式人工智能的出现，生成式人工智能在自我学习过程中未经研发者、生产者授意而"自发"地实施侵犯数据法益行为也可能引发一定的法律风险，相关行为与前述完全由不法行为人自主实施的侵犯数据法益行为存在较大区别，该类行为也很值得我们予以关注和讨论。据此，笔者将涉生成式人工智能侵犯数据法益行为分为两类进行分析：一类是完全由不法行为人自主实施的侵犯数据法益行为；另一类是生成式人工智能未经研发者、生产者授意"自发"实施的侵犯数据法益行为。

（一）不法行为人利用或针对生成式人工智能实施侵犯数据法益行为

不法行为人自主实施的侵犯数据法益行为主要包括三类：生成式人工智能研发者、生产者利用生成式人工智能非法获取和分析数据行为，生成式人工智能研发者、生产者利用生成式人工智能垄断和操纵数据行为，其他行为人针对生成式人工智能相关数据库的侵犯行为。

第一，生成式人工智能研发者、生产者利用生成式人工智能非法获取和分析数据。由于生成式人工智能研发和应用的基础是数据，生成式人工智能的研发者、生产者在研发产品之前以及应用产品过程中，需要大量收集来自互联网、用户的各类数据。在应用过程中，生成式人工智能需要根据用户的需求不断调整生成文本的内容。这其中暗含一定的数据泄露风险，即用户在与生成式人工智能交互过程中为了实现特定目标，可能有意或无意向生成式人工智能提供相关数据作为参考和依据，大部分用户并不会意识到自己提供的交互数据存在被生成式人工智能研发者、生产者非法获取的可能。同时，生成式人工智能的应用面向不限于个别国家地区，其收集的数据也不限于个别国家地区，ChatGPT等生成式人工智能很容易脱离特定国家法律的约束[1]，这使得生成式人工智能对数据的索取更加肆无忌惮。此外，生成式人工智能研发者、生产者在获取一定数据后，往往会对相关数据进行非法分析。相比于专精于某一特定领域的专用人工智能，通用生成式人工智能涉及的面更广，其收集和处理的用户交互数据也更为多样，这也意味着其通过对数据分析所得出的衍生数据数量更多、价值更大。与此同时，利用衍生数据从事特定危害个人法益、社会法益、国家安全等违法犯罪行为的社会危害性也越大。

第二，生成式人工智能研发者、生产者利用生成式人工智能垄断和操纵数据。随着2021年《数据安全法》以及2022年中共中央、国务院发布的《关于构建数据基础制度更好发挥数据要素作用的意见》（以下简称《数据二十条》）的颁布，我

---

1. 参见何哲：《ChatGPT：开启通用人工智能时代及其社会影响》，载《电子政务》2023年第4期。

国力求充分利用海量的数据规模和丰富的应用场景，构筑国家竞争新优势。无论是《数据安全法》还是《数据二十条》，其目的均是促进数据的共享与流通，打通数据壁垒，消除"数据孤岛"，使人们有同等的机会享有对特定数据的处理权利，使我国数字经济得以有机、有序发展。然而，时下生成式人工智能的发展趋势则在某些层面上与我国数字经济的发展理念背道而驰。需要注意的是，生成式人工智能技术和产品并不是任何主体都有能力研发和制造的，自然人有同等的机会享用生成式人工智能提供的服务，但并没有同等的机会接触或共享生成式人工智能后台的数据库。正如前述，因为生成式人工智能后台数据库中数据种类越丰富、数量越多，其可以提供服务的领域越广、生成内容的准确率越高。这种特性导致各大生成式人工智能背后的科技巨头围绕数据的收集和垄断开展新一轮的竞赛。不同生成式人工智能之间并非互惠关系，也不是良性的竞争关系，而是一种追求垄断数据市场的恶性竞争关系。举例说明，ChatGPT 背后的 OpenAI 公司不可能将其收集的数据分享或交易给百度集团，为百度集团研发的"文心一言"生成式人工智能做嫁衣，反之亦是如此。可见，围绕数据收集展开的恶性竞争最后只能加速新的数据孤岛产生。同时，当生成式人工智能在服务功效上远超一般数据服务软件并形成用户黏性后，研发者、生产者可以利用生成式人工智能实施操纵数据行为。例如，ChatGPT 的数据库虽然包含很多中文百科、网站数据资源，但 ChatGPT 就文化、政治等议题的回答却带有明显的价值偏向性。[1] 加之在训练 ChatGPT 过程中，OpenAI 公司甚至以低廉的价格雇用员工对文本数据进行手动标注，这进一步加剧了数据偏见风险。[2] 同时，一旦用户的提问内容超出 ChatGPT 收集数据的范围，ChatGPT 可能会直接给出错误或者不恰当的建议。[3] 据此，研发者、生产者可以为实现特定的不法目的，违背用户意图，将虚假的、不全面的数据提供给用户，使得用户根据这些错误的数据开展相应活动，相关行为将严重影响数据流转、交易秩序的正常运行。

第三，其他行为人对生成式人工智能后台数据库的侵犯。生成式人工智能的研发和应用是以大量数据为基础的，大量数据的汇集、流通也使得生成式人工智能后台数据库很容易遭到其他不法行为人的恶意攻击。例如，生成式人工智能可能受到模型逆向攻击（逆向推导模型的参数或训练数据）、模型解释攻击（访问模型的解释信息来获取敏感数据）、提示语注入攻击（用户输入的数据中混入可执行的命令，迫使底层引擎执行意外动作，危害系统安全）、窃听攻击等。[4] 上述攻击均可能对生成式人工智能后台数据库造成侵犯，即不法行为人可以通过

---

1. 参见崔保国、邓小院：《ChatGPT 给传媒业带来机遇与挑战》，载《中国社会科学报》2023 年 3 月 7 日，第 3 版。
2. 参见何静：《基于 ChatGPT 的智能传播发展挑战与应对策略》，载《人工智能与信息社会》2023 年第 3 期。
3. 参见王卫：《平衡科技创新与隐私保护　多国计划加强对 ChatGPT 监管》，载《法治日报》2023 年 4 月 10 日，第 5 版。
4. 参见赵精武等：《ChatGPT：挑战、发展与治理》，载《北京航空航天大学学报（社会科学版）》2023 年第 2 期。

特定的技术手段非法获取、篡改、删除生成式人工智能关联的相关数据。

（二）生成式人工智能"自发"实施侵犯数据法益行为

在生成式人工智能应用过程中，由于其具备其他数据软件所没有的自主学习和深度学习的能力，生成式人工智能在收集、分析和使用数据上具有某种程度的"自主性"，其可以在某些方面超出研发者、生产者的预期处理数据，这其中也包括生成式人工智能超出研发者、生产者的预期实施侵犯数据法益行为。这种由生成式人工智能"自发"实施的侵犯数据法益行为包括非法获取、分析、操纵数据行为，该类行为明显区别于前述不法行为人利用生成式人工智能或针对生成式人工智能所实施的侵犯数据法益行为。

第一，生成式人工智能"自发"地非法获取数据。由于社会上很多数据记录的内容是不断变化的，为保证生成内容的精准性，生成式人工智能后台的数据库也需要实时更新。在更新数据的过程中，生成式人工智能可能自发吸收互联网非法公开的数据以及用户提供的非法数据。一般而言，数据处理者通过互联网公开或合法交易的方式收集数据后，有一定的义务对数据的合法性进行基本审查。即便是公开数据，也并不意味着可以随意用以非法分析和使用，否则仍然可能构成对特定权利主体的侵犯。同时，互联网上还存在大量的未经允许非法公开的数据、公开之后被修改更新的数据以及公开之后经权利人要求被删除的数据。而时下 ChatGPT 等生成式人工智能并不具备与全互联网同步的数据更新能力，更无法了解哪些数据属于合法公开数据，其只能根据既定的算法不断获取其能够接触的一切数据。据此，生成式人工智能存在"自发"地非法获取数据的可能。

第二，生成式人工智能"自发"地非法分析数据。由于生成式人工智能后台部分数据所记录的内容并不全面，这驱使生成式人工智能必须具备挖掘和处理数据的能力。[1]时下，生成式人工智能生成数字文本的基本逻辑是通过对数据进行分析，挖掘数据之间的内在联系并获取新的有价值数据，进而为用户提供全方位的咨询服务。在此过程中，生成式人工智能可能未经研发者的明确授意，而自行对海量数据进行挖掘和分析，衍生涉及侵犯个人信息、商业秘密、国家秘密等特殊数据的问题。再者，在与用户交互过程中，生成式人工智能存在擅自对数据进行分析，并将自己分析得出的特殊数据进行泄露的可能。相较一般的数据应用软件而言，ChatGPT 等生成式人工智能在算法内容上呈现更为明显的黑箱效应。在不断自我训练和自主学习后，即便研发者、生产者最初设定的算法内容并没有蕴含非法分析数据的指令，但在交互过程中，相关人员并不能确保生成式人工智能完全不对数据进行非法分析并完全保密结果。

---

1. 参见卢经纬等：《问答 ChatGPT 之后：超大预训练模型的机遇和挑战》，载《自动化学报》2023 年第 4 期。

第三，生成式人工智能"自发"地非法操纵数据。生成式人工智能以各类数据为"养料"，其后台的数据种类繁杂多样，有关同一话题往往存在多种观点不同甚至相悖的数据。选取哪一种数据提供给用户作为参考，是由生成式人工智能的相关算法决定的。因为生成式人工智能算法具有一定的黑箱特性[1]，算法可解释性问题始终未能得到妥善解决。[2]我们无法准确明晰生成式人工智能生成数字文本的内在逻辑，加之生成式人工智能收集数据所记录信息内容本身可能存在一定偏向性，这使得生成式人工智能生成内容难免会带有一定的偏向性。[3]应当看到，"生成式人工智能可能产生人工智能式'幻觉'，生成虚构或错误的答案"[4]，相关提供错误、虚假内容或带有偏向性内容的生成文本行为，在客观上属于一种操纵数据行为。如果生成式人工智能实施上述操纵数据行为并非基于研发者的授意，而是在自我学习过程中自主形成的数据处理"习惯"，则生成式人工智能可能存在"自发"地非法操纵数据的法律风险。

---

1. 参见马路瑶：《系统观念指导下的人工智能刑事立法研究》，载《青少年犯罪问题》2023 年第 3 期。

2. 王克文：《人工智能刑法讨论的有效性探析：拆解、批判与步骤》，载《青少年犯罪问题》2023 年第 3 期，第 41 页。

3. 参见何静：《基于 ChatGPT 的智能传播发展挑战与应对策略》，载《阅江学刊》2023 年第 3 期。

4. 张心怡：《ChatGPT-4 引发新一轮热议》，载《中国电子报》2023 年 3 月 17 日，第 1 版。

第二节 涉生成式人工智能数据犯罪的
刑法规制困境

一、以生成式人工智能为对象或工具实施数据犯罪的刑法规制困境

根据现行刑法规定，刑法已基本实现对研发者、生产者利用生成式人工智能非法获取、篡改、泄露特定数据行为以及不法行为人针对生成式人工智能后台数据库侵犯行为的规制。但是，刑法对不法行为人利用生成式人工智能实施非法分析数据、操纵数据行为的规制尚存在一定的不足。

第一，现行刑法难以规制生成式人工智能研发者、生产者实施的非法分析数据行为。所谓非法分析数据行为，是指以违法犯罪为目的，利用歧视性算法或其他非正当方式，对数据进行非法分析、处理的行为。[1] 在大数据时代背景下，数据成为一种全新的生产要素，每一类数据都具有特定的价值。这种局面的形成主要是因为数据之间具有内在的联系，看似没有任何意义的数据在积累到一定数量后，便可能被挖掘出重要的信

---

1. 刘宪权：《数据犯罪刑法规制完善研究》，载《中国刑事法杂志》2022 年第 6 期。

息内容。这意味着原本不记录任何特殊信息内容的一般数据在积累到一定数量时，便可能从中挖掘出相应的涉国家秘密、商业秘密、个人信息等特殊数据。正因为如此，不法行为人在没有途径直接获取特殊数据时，往往会转向对海量一般数据进行收集，之后对其进行非法分析，再将推导得出的特殊数据用以违法犯罪。尤其是随着生成式人工智能的出现，研发者可以通过生成式人工智能迅速收集互联网公开的一切数据，并对其进行深度挖掘分析。据此，非法分析数据并泄露、使用分析结果的行为会成为一种新的犯罪样态。这种大数据时代下新型侵犯数据法益行为显然具有相当大的社会危害性，但令人遗憾的是，现行刑法并没有针对非法分析数据行为设立相关罪名。

第二，现行刑法难以规制研发者、生产者利用生成式人工智能实施的垄断、操纵数据行为。根据数据记录信息内容的不同，不同数据的应用场景和法律保护模式会有所差异。涉及个人信息、商业秘密、国家秘密等特殊数据具有一定的涉密性，刑法对其进行保护是为了防止不法行为人对数据记录内容保密性、完整性进行侵犯。一般数据则有所不同，法律对一般数据进行限缩保护则更多是为了鼓励不同主体合法合理利用一般数据。《数据二十条》提出"以维护国家数据安全、保护个人信息和商业秘密为前提，以促进数据合规高效流通使用、赋能实体经济为主线"的指导方针，便足以印证笔者上述论断。其中，维护数据安全和保护个人信息、商业秘密指向的是对特殊数据的保护，而促进数据合规高效流通使用则指向对一般数据的开发和利用。[1] 由于一般数据仅蕴含特定的数据产权，并不蕴含人身法益、知识产权和国家安全等刑法明确保护的法益内容，其可被用来共享、流通和交易，成为数字经济时代的重要基础性资源。随着一般数据价值的凸显，越来越多企业重视对数据的收集和积累，数据垄断现象也层出不穷。应当看到，数据垄断更多指向对一般数据的垄断，特殊数据因为原则上具有涉密性，实际上很难存在垄断的情形。例如，2022 年市场监管总局依据《反垄断法》认定知网滥用其支配地位收集数据，阻碍数据市场的良性竞争，对知网处以巨额罚款。[2] 应该看到，生成式人工智能的出现会在某种程度上进一步促使数据垄断现象发生，其可以很轻易地收集一切互联网公开数据（包括政府公开数据、企业公开数据和个人公开数据），还可以在用户交互过程中源源不断获得新的数据，其并不需要通过交易方式便足以构建支撑其功能应用的海量数据库。同时，生成式人工智能背后的企业会追求限制数据的共享、流通和交易，以防止其他竞争者获取数据。时下，我国尚且只能依据《反垄断法》有关规定对垄断数据的行为进行行政处罚，刑法对垄断数据行为的规制仍存在严重的缺位，无论是在财产犯罪、知识产权犯罪还是数据犯罪的刑法规定中，均无法找到对垄断数据行为的刑

---

1. 此处的一般数据包括经过脱敏技术处理的涉个人信息数据。
2. 参见知网滥用市场支配地位案，国家市场监督管理总局行政处罚决定书（国市监处罚〔2022〕87 号）。

法规制内容。

更值得关注的是，当企业对特定数据形成垄断地位后，企业便可能利用其垄断地位实施相应的操纵数据行为，这点在生成式人工智能介入后将表现得更为明显。通常而言，不法行为人利用生成式人工智能实施的操纵数据行为，是指数据处理者为实现不法目的，违背公正、公平原则，在与用户交互过程中没有遵循用户的需求，将虚假的、不客观的、不全面的数字文本反馈给用户，导致用户陷入错误认识的行为。操纵数据行为不仅是一种以数据为违法犯罪工具的不法行为，其本身还是一种以数据为侵犯对象的不法行为。该行为利用虚假的、不客观的、不全面的数据严重侵犯数据共享、流通、交易秩序，导致数据正常流转受到影响，相应的数据无法根据用户的需求予以呈现。因此，该行为一旦纳入刑法规制的视线，便理应归属于数据犯罪的范畴。在以往数据服务行业中，操纵数据行为并不罕见。例如，为实现不法目的，提供检索服务的数据服务商会优先向用户推送与真实情形并不完全吻合的搜索结果。但无论如何，服务商通常不会排斥对其余搜索结果的罗列。生成式人工智能的不同之处在于其所提供的数字文本具有唯一性，即人工智能通常并不会给用户呈现多种不同的观点或结论。据此，生成式人工智能给用户的不当反馈更容易导致用户陷入错误认识。特别是通用型生成式人工智能所涉及的领域越广泛，不法行为人利用生成式人工智能实施操纵数据行为的危害性就越发凸显。令人遗憾的是，《刑法》第291条之一规定的编造、故意传播虚假恐怖信息罪和编造、故意传播虚假信息罪，只是针对编造、故意传播虚假恐怖信息、险情、疫情、灾情、警情这几类信息的行为进行规制，而现行刑事立法并未将编造并传播一般虚假信息（数据），严重扰乱社会秩序的行为纳入规制范围。

需要指出的是，现行刑法已通过设置相应的数据犯罪罪名对研发者、生产者侵犯涉及个人信息、商业秘密、国家安全等特殊数据的行为和不法行为人以技术手段侵入生成式人工智能后台数据库实施获取、篡改、删除一般数据的行为进行了规制。生成式人工智能的研发者、生产者针对涉及个人信息、商业秘密、国家秘密等刑法明文保护的特殊数据实施非法获取行为[1]可能构成侵犯公民个人信息罪、侵犯商业秘密罪、非法获取国家秘密罪等犯罪。2023 年 5 月 18 日，OpenAI 公司宣布在美国推出 ChatGPT 的手机客户端（iOS 版）。[2]随着各国政府逐步完善有关 ChatGPT 收集个人信息、商业秘密、国家秘密等流程规范，研发者、生产者侵犯涉及个人信息、商业秘密、国家安全等特殊数据的行为在未来应该会得到进一步遏制。另外，根据现行刑法的规定，不法行为人以技术手段入侵 ChatGPT 等生成式人工智能后台数据库，非法获取、篡改、删除相关数据的行为，可能构成非法获取计算机信息系统数据

---

1. 由于生成式人工智能仅具有获取数据的需求，其研发者、生产者通常不会故意实施篡改、删除、泄露数据行为。
2. 阮润生：《OpenAI 扣响移动端"发令枪"，行业应用加速落地》，载《证券时报》2023 年 5 月 22 日，第 A3 版。

罪或破坏计算机信息系统罪。非法获取计算机信息系统数据罪和破坏计算机信息系统罪在一定程度上实现了对一般数据的保护。虽然这两个罪名对一般数据的保护存在一定的不明确之处，即其仅将"采用其他技术手段"非法获取、篡改、删除一般数据行为规定为犯罪，而未将不利用技术手段非法获取、篡改、删除一般数据行为纳入规制范围。[1]但由于生成式人工智能本身便是一种新兴人工智能技术，无论是生成式人工智能研发者、生产者实施的非法获取、篡改、删除一般数据行为，还是其他不法行为人针对生成式人工智能后台数据库实施非法获取、篡改、删除一般数据行为，均需要借助"技术手段"来实现，相关不法行为实际上已然被纳入刑法规制范围。据此，即便现行刑法有关一般数据保护的罪名存在一定不周全之处，但并不妨碍刑法对涉及生成式人工智能的非法获取、篡改、删除一般数据行为相关规定的适用。

二、对生成式人工智能"自发"实施数据犯罪的刑法规制困境

生成式人工智能在自主学习过程中"自发"实施侵害数据

---

1. 参见刘宪权：《"互联网 3.0"时代计算机系统犯罪刑法规制的重构》，载《华东政法大学学报》2022 年第 5 期；于改之：《从控制到利用：刑法数据治理的模式转换》，载《中国社会科学》2022 年第 7 期。

法益行为同样可能造成严重的损害后果，但刑法对该类行为的规制在某种意义上似乎呈现"失灵"的状态。笔者认为，无论是生成式人工智能"自发"地非法获取数据，还是非法分析、非法操纵数据，其本质都是因为生成式人工智能在应用过程中超出研发者、生产者的预期设定，实施预期之外的数据处理行为。应当看到，生成式人工智能实施非法处理数据行为没有获得人为授意，相关产品的研发也很可能并不违反产品安全法律规定，并且时下生成式人工智能本身又暂时无法成为法律责任的主体。据此，当下相关行为引发的法律风险确实难以由生成式人工智能的研发者、生产者承担，更不可能由生成式人工智能本身承担。

首先，生成式人工智能的研发者、生产者并未授意人工智能实施侵犯数据法益行为。在生成式人工智能"自发"实施侵犯数据法益行为情形下，研发者、生产者并未指使生成式人工智能实施非法获取、分析、操纵数据行为，因而研发者、生产者不可能承担故意授意人工智能侵犯数据法益行为的法律责任。例如，美国一名律师办案时用 ChatGPT 搜集资料并作为案例呈交法官，但法官之后发现相关案件均为 ChatGPT 伪造。法庭文件显示，该律师看到案例信息后追问 ChatGPT 所提供的信息是否属实，ChatGPT 称"千真万确"，还给出了所谓的信息出处。[1] 如果该律师所言为真，则 ChatGPT 确实可能自发

---

1. 参见《让 ChatGPT 协助办案，美国资深律师被坑》，光明网，https://m.gmw.cn/2023-05/29/content_1303388480.htm。

伪造并操纵数据，进而给该被害律师造成相应的损失。分析该案，我们不难发现，如果 ChatGPT 的研发者、生产者并未授意人工智能造假并操纵数据，我们当然无法认定 ChatGPT 研发者、生产者故意实施了侵犯数据法益行为。

其次，生成式人工智能的研发者、生产者在很多情形下并不承担产品研发责任。生成式人工智能具有不断自我学习的功能，其具有一定的"自主成长性"。这种自主成长性导致生成式人工智能研发者、生产者在设定人工智能算法时，并不能实现对生成式人工智能所有处理数据的行为进行预设。值得讨论的问题是，当生成式人工智能"自发"实施侵犯数据法益行为时，是否可以追究研发者、生产者的相关责任。笔者曾对智能驾驶领域中涉智能网联汽车犯罪的刑事责任承担和分配问题进行分析，认为智能驾驶汽车在使用环节实际上仍然受到研发者、生产者的支配。因为智能网联汽车的研发者、生产者既要保障智能网联汽车本身的质量符合各项安全标准，同时还需要通过程序的设置保障汽车在自动驾驶模式下不违反交通运输管理法规，保障车辆安全行驶。当智能网联汽车因自动驾驶系统程序设置瑕疵而引发交通事故时，应以重大责任事故罪追究研发者、生产者的刑事责任。[1]与智能驾驶汽车不同的是，ChatGPT 等生成式人工智能并不要求产品性能做到百分之百完美。在驾驶汽车过程中，任何细小的失误都是不被允许

---

1. 参见刘宪权：《涉智能网联汽车犯罪的刑法理论与适用》，载《东方法学》2022 年第 1 期。

的，否则可能导致严重交通事故的发生。但是，人们对生成式人工智能提供的咨询问答服务却并不要求其答案每次都精准，大部分用户都存在一定的容错心理，即在心理上都能接受人工智能提供的数字文本存在一定的瑕疵。就连 OpenAI 公司都声明 ChatGPT 所生成的数字文本并不一定完全真实、精确。事实上，生成式人工智能的数据大部分取自互联网公开数据以及用户提供的数据，而互联网存在大量虚假的、不全面的甚至非法上传、泄露的数据，用户所提供的数据也未必真实且合法，现在要求 ChatGPT 能够自动识别哪些数据是虚假数据、非法数据并不现实。加之人工智能生成技术方案具有一定的自动性，在实践中出现的侵犯数据法益的情形，往往难以辨别是由编程者、使用者还是数据提供者的失误所导致。[1] 据此，生成式人工智能并不能杜绝输出错误内容[2]，该人工智能的算法逻辑旨在让人工智能提高回应用户提问的答案的正确率，而不是杜绝错误回答的出现。人工智能产品的研发者、生产者只有在同时违反结果注意义务和结果避免义务的前提下才可能构成过失犯罪。虽然生成式人工智能研发者对人工智能"自发"地侵犯数据法益行为具有一定的注意义务和预见可能性，但这种注意义务是有限度的。据此，当下我们似乎难以因生成

---

1. 参见刘鑫：《人工智能生成技术方案的专利法规制——理论争议、实践难题与法律对策》，载《法律科学》2019 年第 5 期。
2. 卢经纬等：《问答 ChatGPT 之后：超大预训练模型的机遇和挑战》，载《自动化学报》2023 年第 4 期。

式人工智能偶发性的非法获取、分析（加工）和操作数据现象，追究研发者、生产者的刑事责任。当然，如果生成式人工智能算法内容存在先天性的"缺漏"，属于研发者、生产者应尽义务而未尽的情形，研发者和生产者则应当为自身研发、生产人工智能产品的失误承担相应的法律责任。

最后，目前生成式人工智能因不具有独立意识和意志尚不能成为法律责任主体。关于人工智能是否可能成为刑事责任主体的问题，理论上争议很大。持否定说的论者认为，刑法是调整自然人行为的法律规范，由于人工智能永远不可能成为有血有肉的自然人，因此，人工智能永远不可能成为刑事责任主体。对此，笔者多年之前就认为，人工智能不仅不是人而且也不像人，人工智能只有在具有独立意识和意志的情况才可能具有责任能力，进而有可能成为刑事责任主体。我们不能因为人工智能不是人就断然否认其成为刑事责任主体的可能性。众所周知，自然人之所以可以成为刑事责任主体，事实上不是因为其是人而是因为其具有责任能力。我们现在需要研究和讨论的问题是，具有与类似自然人甚至超越自然人智能的新物种——人工智能，能否在具有独立意识和意志（即具有辨认和控制自己行为）的情况下成为刑事责任主体。以人工智能产品是否具有辨认能力和控制能力，可以将人工智能产品分为弱人工智能产品与强人工智能产品。弱人工智能产品虽然可以在设计和编制的程序范围内进行独立判断并自主作出决策，但不具有辨认能力和控制能力，其实现的只是设计者或使用者的意志。例如，AlphaGo 虽然凭借自主判断和决策战胜了围棋国手，但其自主判断和决策仍是在设计和编制的程序范围内进行的，实现的是设计者或使用者的意志——在下围棋时战胜对手。强人工智能产品具有辨认能力和控制能力，既可能在设计和编制的程序范围内进行独立判断并自主作出决策，实现设计者或使用者的意志，也有可能超出设计和编制的程序范围，进行自主决策并实施相应行为，实现其自身的意志。"强人工智能"一词最初是约翰·罗杰斯·希尔勒（John Rogers Searle）针对计算机和其他信息处理机器创造的。按约翰·罗杰斯·希尔勒的理解，"计算机不仅是用来研究人的思维的一种工具；相反，只要运行适当的程序，计算机本身就是有思维的"。[1] 弱人工智能产品不具有辨认能力和控制能力，仅能在设计和编制的程序范围内实施行为，实现人类设计和编制程序的目的。人类是弱人工智能产品的创造者，可以通过程序给弱人工智能产品设定行为目的和行为边界。

如果生成式人工智能所实施的侵犯数据法益行为是由于其已然完全脱离程序最初的设定而"自发"实施的，则相关人工智能应属于强人工智能的范畴，此时生成式人工智能事实上已经具有了辨认和控制自己行为的能力，而完全有可能成为责任

---

1. J. Searle in Minds Brains and Programs. The Behavioral and Brain Sciences，Vol. 3，1980.

主体（包括刑事责任主体）。强人工智能的明显特征在于其可以脱离人类设计和编制的程序限制，在自主意识和意志的支配下独立作出决策并实施行为。[1] 因此，强人工智能的某些行为完全可能不再受使用者、研发者、生产者的控制，其对自身行为具有独立的控制能力和辨认能力，因而可以成为责任主体。但是笔者认为，就目前来看，ChatGPT 等生成式人工智能虽然在某些方面已然接近强人工智能的技术特征，但其并没有也不能产生自主意识，该人工智能作出的行为仍受研发者、生产者编程的实际控制，尚不具备强人工智能"脱离编程，在自主意识和意志的支配下独立实施行为"的重要特征。可以说，ChatGPT 等生成式人工智能虽然一直朝着强人工智能的方向不断发展，但目前仍属于弱人工智能的范畴。应当看到，生成式人工智能"自发"实施侵犯数据法益行为并非源于其具有独立的意识和意志，而是由于该人工智能在自我学习过程中吸收了很多虚假数据、非法数据，且其尚不能做到每次生成都准确理解用户的意图，导致生成的数字文本具有一定的错误率。由此可见，在当下，我们无论如何不能认为现阶段出现的生成式人工智能已然达到强人工智能程度而可以成为刑事责任主体。

---

1. 刘宪权：《人工智能时代刑法中行为的内涵新解》，载《中国刑事法杂志》2019 年第 4 期。

第三节　涉生成式人工智能数据犯罪的刑法规制路径

数据是支撑现代科技进步和经济发展的重要基础。在现代社会中，任何一项技术的诞生和发展都离不开海量数据的支撑。随着人工智能技术的不断发展，新型侵犯数据法益行为或将层出不穷。为实现对数据全方位的法律保护，具有最后手段性的刑法同样不应缺位。人工智能时代的刑法立法，应在个别修正、局部修正、整体修正上做好文章。[1] 根据前文论述，现行刑法尚不足以对涉生成式人工智能的侵犯数据法益行为进行全面而系统的规制，应该考虑从刑事立法完善的角度进行优化。

一、修正拒不履行信息网络安全管理义务罪

如前所述，在生成式人工智能研发者、生产者并不违反法律义务的情形下，刑法无法对生成式人工智能"自发"实施的

---

1. 孙道萃：《人工智能犯罪的知识解构与刑法应对》，载《青少年犯罪问题》2023 年第 2 期。

侵犯数据法益行为进行约束，但这并不意味着法律应当放任生成式人工智能天然"副作用"存在。笔者认为，与普通产品的研发者、生产者所承担的注意义务相比，人工智能产品的研发者、生产者理应承担更多的注意义务。即便认为生成式人工智能在部分场合下"自发"地收集非法数据、"自发"地非法分析数据并将泄露分析结论、"自发"地提供虚假数据或错误数据给用户等相关"副作用"不可避免，生成式人工智能研发者、生产者仍有责任在第一时间对相关"副作用"进行及时处理和消除影响。时下，《刑法》第286条之一规定的拒不履行信息网络安全管理义务罪对网络服务提供者不履行法律、行政法规规定的信息网络安全管理义务，经相关部门责令改正而拒不改正的行为进行明确禁止。生成式人工智能属于一种重要的网络数据服务类产品，其服务提供者（通常是研发者、生产者）也应受到该罪规定的约束。然而，由于生成式人工智能侵犯数据法益行为具有隐蔽性，网信、电信、公安等监管部门通常无法在第一时间发现侵犯数据法益行为的发生，而一旦相关侵犯数据法益行为未得到及时制止，生成式人工智能便会通过与用户群体的广泛联系和交流进一步放大损害结果。因此，现行刑法有关拒不履行信息网络安全管理义务罪的规定似乎并不能将生成式人工智能"自发"地侵犯数据法益行为所引发的危害后果控制在可接受的范围内。

对此，笔者建议对拒不履行信息网络安全管理义务罪进行修改，具体包括两个方面：一方面，应对该罪的犯罪客观行为进行补全，将"网络服务提供者明知其提供的网络服务违反法律、行政法规规定，仍怠于或拒绝改正"的情形也增补规定在拒不履行信息网络安全管理义务罪的客观行为之中。这里需要明确的是，拒不履行信息网络安全管理义务罪是典型的不作为犯罪。换言之，如果生成式人工智能研发者、生产者在事前或事中便明知其研发、生产的人工智能将实施或正在实施特定侵犯数据法益行为，则生成式人工智能研发者、生产者属于以作为方式实施故意侵犯数据法益行为，该行为不构成拒不履行信息网络安全管理义务罪，而可能构成其他数据犯罪。同时，在生成式人工智能服务商发现自身提供的服务存在违法情形后，应给予网络服务商一定的整改期限，不能将"行为人发现自身提供网络服务存在违法情形而尚来不及改正"的情形认定为犯罪。另一方面，《刑法》第286条之一规定的四种拒不履行信息网络安全管理义务的情形并不全面，难以将生成式人工智能严重侵害数据法益行为纳入该罪的适用范围。根据最高人民法院、最高人民检察院发布的《关于办理非法利用信息网络、帮助信息网络犯罪活动等刑事案件适用法律若干问题的解释》第4条的规定，拒不履行信息网络安全管理义务罪规定的"用户信息"仅指刑法中的个人信息，并不包括商业秘密、国家秘密等具有涉密性质的其他重要信息或数据。在以往的网络服务中，网络服务商往往只存在收集并泄露个人信息的可能，因而刑法设立拒不履行信息网络安全管理义务罪，并明确网络服务商应尽到对个人信息的保护义务，这具有明显的时代烙印。然而，自 ChatGPT 等生成式人工智能问世后，生成式人工智能在人机交互过程中还可能泄露除个人信息之外其他的重要信息。为此，拒不履行信息网络安全管理义务罪的有关规定也应随时代的变化适时作出调整。笔者建议，应将拒不履行信息网络安全管理义务罪中第 1款的第 2 项拒不履行信息网络安全管理义务情形修改为"致使涉密信息泄露，造成严重后果的"，以实现对所有重要数据的保护。

综上所述，笔者建议将拒不履行信息网络安全管理义务罪的法条修改为："网络服务提供者不履行法律、行政法规规定的信息网络安全管理义务，经监管部门责令采取改正措施而拒不改正，或明知其提供的信息网络服务违反法律、行政法规规定，仍怠于或拒绝改正，有下列情形之一的，处三年以下有期徒刑、拘役或者管制，并处或者单处罚金：……（二）致使涉密信息泄露，造成严重后果的……"

二、增设妨害数据流通罪

随着 ChatGPT 等生成式人工智能的出现，行为人实施妨害数据流通行为所需的成本及难度越发降低，其行为所造成的影响也越发恶劣。因此，刑法应将非法获取、传输一般数据行为纳入规制范围。理由在于，其一，我国已初步形成有关数据流通的社会秩序，对非法获取、传输一般数据行为进行刑法规制契合我国大数据发展战略的基本方向。在存在 ChatGPT 等生成式人工智能的大数据时代，数据的价值愈发凸显，数据的流通成为数字经济发展的重要环节。各地政府纷纷建立数据交易中心或数据交易所，以实现对一般数据的充分利用。按此现状和发展趋势，不难预见大量数据的流通即将成为常态。例如，《上海市数据条例》第 56 条规定："市场主体可以通过依法设立的数据交易所进行数据交易，也可以依法自行交易。"《贵州省大数据战略行动 2022 年工作要点》也提到，应优化提升贵阳大数据交易所，"完善贵州省数据流通交易服务中心组织架构，搭建贵州省数据流通交易平台"。在此背景下，数据流通管理秩序的稳定不仅成为数字经济发展的重要助力，而且也是数据交易市场平稳发展的必要保证。但是，非法获取、传输一般数据的行为则会直接扰乱数据交易市场的正常交易，从而必将严重妨害数据流通管理秩序。可见，将非法获取、传输一般数据行为纳入刑法规制范围具有一定的必要性。其二，数据获取、传输（包括出售、提供、公开等）阶段是数据处理流程中相对上游的环节，且实践中大部分对一般数据的侵害行为通常发生于数据的收集和传输阶段。因此，刑法对非法获取、传输一般数据行为进行规制，则可以从源头上对侵害一般数据行为进行有效遏制，从而起到一定的预防犯罪的功效。

需要注意的是，并非所有非法获取、传输一般数据行为均应当受到刑法的规制。一旦刑法过多地干预数据的获取、传输过程，可能会阻碍数字产业的创新与发展。[1]笔者认为，当数据权属认定存在争议、权利人授权态度不明确（或授权状态频繁变动）时，非法获取、传输一般数据行为就不应纳入刑法规制范围。这是因为时下我国存在对一般数据权属认定不明确的问题。一般数据应归属国家、集体、数据来源主体、数据收集主体、数据加工主体还是数据使用主体并不明确，既有行政法律并未对此作出明确的回应。时下，甚至存在部分数据来源主体不能使用其自身提供数据的社会现象，如各大互联网平台获取的消费者数据却不能被消费者享有。[2]可见，当多方主体都依法享有对数据的部分权利时，数据的归属将难以认定，这也将直接影响对非法获取、传输数据行为的刑法认定。另外，对非法获取、传输数据行为的刑法规制还需要具备权利人授权明确的前提条件。根据《数据安全法》《个人信息保护法》等有关法律规定以及学术界多数学者观点，判断数据获取、流通行为是否合法的关键在于权利人的授权同意行为是否存在。[3]而由此引发的问题是，所谓权利人的同意是一种对权利人主观心态的推断，权利人对数据收集和使用的目的、方式、范围等可

---

1. 参见刘宪权、汤君：《人工智能时代数据犯罪的刑法规制》，载《人民检察》2019年第13期。

2. 参见黄少安等：《数据要素的价值实现市场化配置》，载《东岳论丛》2022年第2期。

3. 参见张勇：《APP个人信息的刑法保护：以知情同意为视角》，载《法学》2020年第8期；王哲：《侵犯公民个人信息罪中"个人信息"的限定》，载《青少年犯罪问题》2021年第3期。

以随时进行更改。如果将有关权利人同意的认定完全与权利人可以实时改变授权的态度进行绑定，则会因权利人授权态度的不明确，而给数据收集者、交易者造成承担法律责任的巨大风险。如果非法获取、流通一般数据行为的刑法认定完全是以权利人的不确定态度为依据，就存在较大的不合理性。

无独有偶，早期美国判例中对数据获取行为是否被"授权"的判断也采取宽泛的入罪标准，即一旦存在数据权利人对获取数据行为不满的信号，有关获取数据行为便可能被认定为"未经授权"而可能受到刑事追究。后来考虑司法实践中的有关问题，美国对数据犯罪中的"授权"判断进行了修正，将行为人违反数据网站的安全防御技术作为认定非法获取数据行为中"未经授权"的核心标准。[1]但是，美国的这一修正规定显然并不符合我国刑事立法的现状和需要。因为我国刑法已然通过设立破坏计算机信息系统罪这一罪名，对破坏数据网站安全防御措施的行为进行了单独规制，而并未将其作为判断非法获取数据行为中"未经授权"的唯一标准。据此，当对非法获取、传输一般数据行为中权利人授权的认定不明确时，刑法没有必要对有关行为进行定罪处罚。由此可见，当数据权属认定存在争议、数据权利人授权态度不明确（或授权状态频繁变动）时，非法获取、传输一般数据的行为不应被刑法规制。根据上述观点，笔者建议，应在我国现行刑法条文中增设妨害数

---

1. 参见杨志琼：《美国数据犯罪的刑法规制：争议及其启示》，载《中国人民大学学报》2021 年第 6 期。

据流通罪，对非法获取、传输一般数据等妨害数据流通管理秩序且情节严重的行为进行规制。有关该罪的构成要件，应当进一步明确以下两点：

一方面，妨害数据流通罪的客观行为方式应表现为作为。由于以不作为方式拒不履行数据流通管理有关义务的行为（如数据权利人未采取安全有效的防护措施、未及时对相关数据泄露风险予以处理等）完全可能构成《刑法》第286条之一拒不履行网络安全管理义务罪。为了保证刑事立法的精准性，避免重复立法现象的出现，妨害数据流通罪仅需针对以作为方式主动妨害数据流通管理秩序的行为加以适用。

另一方面，妨害数据流通罪"情节严重"的认定，应以行为人实际违法所得以及行为所造成的经济损失等为核心判断标准。有观点认为，将数据规模作为判断数据犯罪构罪与否的定量标准，其证明难度更低，更符合刑事诉讼法"事实清楚，证据确实、充分"的证明标准。[1]但是，以数据规模作为妨害数据流通罪"情节严重"的认定标准似有不妥。因为刑法将非法获取、传输一般数据行为纳入规制范围，主要是为了保障一般数据中蕴含的具有实质内容的信息不受非法侵害，从而使一般数据得以顺利流通。数据的规模大小与信息的数量多少之间并不必然存在联系。数据是以代码这种电子化形式呈的，一组代码可以承载多条具有实质内容的信息，也可以不承载任何一条

---

[1] 参见田刚：《网络信息安全犯罪的定量评价困境和突围路径——大数据背景下网络信息量化标准的反思和重构》，载《浙江工商大学学报》2020年第3期。

具有实质内容的信息。因此，我们无法通过非法获取、传输数据行为所侵害的数据规模大小来判断行为对具有实质内容信息的侵害数量。此时，数据规模便无法成为妨害数据流通行为"情节严重"的认定标准。就此而言，笔者认为，应考虑以其他指标作为妨害数据流通行为情节严重的认定标准。例如，以实施非法获取、传输一般数据行为的行为人的实际违法所得或行为所造成的经济损失为判断"情节严重"的标准，这样可以相对更为准确体现非法获取、传输一般数据行为的社会危害性程度。

三、增设非法分析数据罪

在现行刑法体系下，将非法分析数据行为纳入刑法规制的范围具有必要性。否则，不法行为人可以"合法地"对其收集的海量数据进行分析，获得所需要的特殊数据，并为之后实施违法犯罪活动提供便利。这种具有严重社会危害性的行为尚没有得到刑法的有效规制。对此，笔者提出应在我国刑法条文中增设非法分析数据罪，对"情节严重"的非法分析数据行为进行规制，并提出三点具体立法建议：非法分析数据罪中的数据包括一般数据和特殊数据；行为人必须具有以违法犯罪活动为目的的主观心态；只有非法分析数据行为对国家安全、人身、财产等法益造成现实侵害或威胁时，该行为才应被认定为犯

罪 [1]。需要进一步说明的是，可能会有观点质疑，非法分析数据行为只不过是非法使用数据行为的预备行为，即便行为人实施了非法分析数据行为，只要其未将非法分析所获得的特殊数据用于违法犯罪活动，相关行为便不具有法益侵害性。因此，刑法通过对非法使用数据行为进行规制，便足以实现对数据法益的保护，非法分析数据行为入刑不具有较大的必要性和紧迫性。笔者认为，上述认为非法分析数据行为无须入刑的观点存在一定的问题。首先，分析数据行为是一种重要的数据处理行为，其并不依附于使用、获取数据行为。根据《数据安全法》第 3 条第 2 款的规定，"数据处理，包括数据的收集、存储、使用、加工、传输、提供、公开等"。对数据进行分析是对数据进行加工的一种重要手段，因而分析数据行为也属于数据处理行为的一种重要表现方式。我们不能简单地将非法分析数据行为视为非法使用数据行为的预备行为。其次，单纯非法分析数据行为也具有特定的法益侵害性。非法分析数据行为的法益侵害性体现在该行为在法律许可的情形之外，未经权利人允许擅自对具有保密性的数据进行"窥视"，因而既侵犯了相关数据的保密性，也侵犯了权利人对数据的自决权。在法益侵害性的内容方面，非法分析数据行为与非法获取数据行为具有相似性，两者都对数据的自决权造成侵犯，且破坏了数据的保密性。而单纯非法获取数据行为同样未将获取的数据用于违法犯

---

1. 刘宪权：《数据犯罪刑法规制完善研究》，载《中国刑事法杂志》2022 年第 5 期。

罪，但《刑法》却明确禁止他人非法获取涉个人信息、商业秘密、国家秘密等数据。因此，不能把"不法行为人未将非法分析所获得的特殊数据用于违法犯罪"作为反对非法分析数据行为入刑的理由。最后，在人工智能时代背景下，非法分析数据行为的法益侵害性将越发凸显。随着生成式人工智能的普及，生成式人工智能的研发者、生产者可以很轻易地利用人工智能的计算能力以及用户提供的特定数据，非法分析出大量用户不曾且不愿意透露的个人信息，乃至部分商业秘密、国家秘密。在这种时代背景下，受刑法保护的特殊数据保密性无疑会受到生成式人工智能技术的强烈冲击，将非法分析数据行为纳入刑法规制范围毫无疑问具有必要性和紧迫性。

四 、 增 设 操 纵 数 据 罪

如前所述，随着生成式人工智能的出现，操纵数据行为相比以往操纵检索结果行为更加隐蔽，覆盖领域更为广泛，造成危害后果也更为严重，相关行为已然达到需要刑法介入加以规制的程度。针对现行刑法对操纵数据行为的规制缺位，笔者建议，应在我国刑法条文中增设操纵数据罪，对"情节严重"的操纵数据行为进行规制。

在操纵数据罪构成要件的设置上，应注意以下三点：其一，操纵数据罪应为故意犯罪，行为人由于工作失误而干扰数据正常

流通的行为，不应纳入刑法的规制范围。其二，操纵数据罪的成立要求操纵数据行为引发严重的实害后果。考虑到社会危害性更为严重的编造、故意传播虚假恐怖信息罪和编造、故意传播虚假信息罪的成立均要求不法行为须达到严重扰乱社会秩序的程度，笔者认为，操纵数据罪的成立也应对行为的危害结果有所要求，即不法操纵数据行为必须达到严重扰乱社会秩序的程度才可能构成犯罪。相较而言，操纵数据罪的法定刑应较编造、故意传播虚假恐怖信息罪和编造、故意传播虚假信息罪的法定刑有所减轻，以确保罪刑均衡。其三，操纵数据罪的行为方式包括编造虚假数据进行传播以及不遵循用户需求肆意传播数据的行为。因为，无论是编造虚假数据进行传播的行为，还是不遵循用户需求肆意传播数据的行为，在客观上均会导致数据的真实性和可靠性遭到破坏，从而对正常数据流通市场秩序造成侵害，所以将操纵数据行为纳入刑法规制范围是完全必要的。

值得一提的是，前文提及时下不少科技巨头为控制数据流通和交易市场，实施垄断数据行为。依笔者之见，在市场经济背景下，单纯的行业垄断行为并不罕见。相比其他行业中的垄断行为，垄断数据行为的社会危害性并无更甚之处。就此而言，单纯垄断数据行为只不过在一定程度上影响或限制了数据市场的健康发展，但并不足以对国家安全、个人法益、社会利益等造成严重威胁。鉴于刑法并未对其他行业领域的垄断行为进行禁止，通过《反垄断法》足以对垄断数据行为进行惩处。

图书在版编目(CIP)数据

涉生成式人工智能犯罪研究/刘宪权,房慧颖著
. —上海:上海人民出版社,2024
ISBN 978 - 7 - 208 - 18920 - 1

Ⅰ.①涉… Ⅱ.①刘… ②房… Ⅲ.①人工智能-科
学技术管理法规-研究 Ⅳ.①D912.170.4

中国国家版本馆 CIP 数据核字(2024)第 098355 号

责任编辑 冯 静 宋子莹
封面设计 一本好书

涉生成式人工智能犯罪研究

刘宪权 房慧颖 著

出　　版　上海人民出版社
　　　　　(201101　上海市闵行区号景路 159 弄 C 座)
发　　行　上海人民出版社发行中心
印　　刷　上海商务联西印刷有限公司
开　　本　890×1240　1/32
印　　张　7.25
插　　页　2
字　　数　140,000
版　　次　2024 年 8 月第 1 版
印　　次　2024 年 8 月第 1 次印刷
ISBN 978 - 7 - 208 - 18920 - 1/D·4325
定　　价　48.00 元